ORDONNANCE DU ROI,

Portant règlement pour le payement des Troupes de Sa Majesté, pendant la Campagne 1759.

Du premier Juillet 1759.

A PARIS,
DE L'IMPRIMERIE ROYALE.

M. DCCLIX.

TABLE

Des Articles & Titres contenus en l'Ordonnance du Roi, du premier Juillet 1759, portant règlement pour le payement des Troupes de Sa Majesté, pendant la Campagne 1759.

ORDONNANCE

ORDONNANCE DU ROI,

Portant règlement pour le Payement des Troupes de Sa Majesté pendant la Campagne 1759.

Du premier Juillet 1759.

DE PAR LE ROI.

SA MAJESTÉ voulant régler le traitement qui sera fait à ses Troupes dans ses armées, pendant la campagne 1759, à commencer du premier Mai, Elle a ordonné & ordonne ce qui suit :

ARTICLE PREMIER.

Fourrage. IL sera fourni du fourrage aux troupes, lorsqu'il n'y aura point occasion de fourrager sur le pays, conformément aux états que Sa Majesté sera expédier, & ce, pour les quantités de rations attribuées à chaque grade des Officiers de ses troupes d'Infanterie françoise & étrangère, Cavalerie, Hussards & Dragons, par son ordonnance du premier avril dernier, concernant la solde des Troupes pendant l'hiver.

Pain de munition.

Elle fera aussi expédier des états pour la fourniture du pain de munition aux Officiers d'Infanterie françoise, des troupes de Cavalerie, de la Maison de Sa Majesté, des régimens de Cavalerie, de Carabiniers, de Hussards & de Dragons, & aux Brigadiers, Sous-Brigadiers, Gardes-du-Corps, Gendarmes, Chevaux-légers, Mousquetaires, Grenadiers à cheval, Sergens, Soldats, Cavaliers, Carabiniers, Hussards & Dragons, & seulement aux Sergens & Soldats des régimens étrangers, qui serviront dans les armées de Sa Majesté, à commencer des jours qu'elles se mettront en campagne en corps d'armée, jusqu'au dernier octobre prochain, sur le pied des revûes, en observant de se conformer pour les quantités attribuées à chaque grade, à ce qui est prescrit ci-après par la présente ordonnance. Sa Majesté entend à cet effet, que les revûes se fassent régulièrement tous les deux mois pendant la campagne, aux troupes des armées, par les Commissaires des guerres, avec les Directeurs ou Inspecteurs généraux, où il s'en trouvera.

II.

Gardes-Françoises & Gardes-Suisses. Compagnies. États-majors.

Les compagnies des Gardes-Françoises & Suisses seront payées de leur solde ordinaire, sur laquelle il sera retenu deux sols pour chaque ration de pain de munition qui leur sera fournie; & les Officiers de l'État-major de chacun desdits régimens, recevront leurs appointemens suivant les états qui seront expédiés.

I I I.

INFANTERIE FRANÇOISE.

CHAQUE bataillon d'Infanterie françoise, servant en campagne, composé de dix-sept compagnies, dont une de Grenadiers de quarante-cinq hommes, & seize de Fusiliers de quarante hommes, faisant au total six cens quatre-vingt-cinq hommes, outre le pain de munition qui sera fourni aux Officiers & Soldats, sera payé pendant la campagne, sur le pied par jour, savoir :

Compagnies de Grenadiers.

La compagnie de Grenadiers, à raison de cinq livres trois sols quatre deniers au Capitaine, y compris quatre livres treize sols quatre deniers de supplément.

Trente sols au Lieutenant, y compris vingt-deux sols de supplément.

Vingt sols au Sous-lieutenant, y compris quatorze sols de supplément.

Sept sols quatre deniers à chacun des deux Sergens, dont un sol quatre deniers de supplément ; cinq sols huit deniers à chacun des trois Caporaux, dont un sol onze deniers de supplément ; quatre sols huit deniers à chacun des trois Anspessades, dont un sol deux deniers de supplément ; & trois sols huit deniers à chacun des trente-six Grenadiers & au Tambour, dont huit deniers de supplément.

Payes de gratification.

Le Capitaine, outre l'appointement ci-dessus, recevra cinq payes de gratification de six sols huit deniers chacune, dont deux payes de supplément, sa compagnie étant complète de quarante-cinq hommes, & rien au dessous dudit nombre.

Compagnies de Fusiliers.

Chacune des seize compagnies de Fusiliers de chaque bataillon, sera payée sur le pied par jour, savoir :

Aux Capitaines des quatre premières compagnies, à raiſon de quatre livres dix ſols par jour, y compris quatre livres deux ſols de ſupplément.

Aux Capitaines des quatre compagnies qui ſuivent par leur rang, à raiſon de trois livres ſeize ſols huit deniers par jour, y compris trois livres huit ſols huit deniers de ſupplément.

Aux Capitaines des huit dernières compagnies, à raiſon de trois livres trois ſols quatre deniers, y compris deux livres quinze ſols quatre deniers de ſupplément.

A chaque Lieutenant des ſeize compagnies de Fuſiliers, vingt-trois ſols quatre deniers, y compris dix-ſept ſols quatre deniers de ſupplément.

Les deux Sergens, trois Caporaux, trois Anſpeſſades, trente-un Fuſiliers & un Tambour, qui ſont en chacune des ſeize compagnies de Fuſiliers, ſeront payés à raiſon de ſix ſols quatre deniers par jour à chaque Sergent, dont un ſol quatre deniers de ſupplément; quatre ſols huit deniers à chaque Caporal, dont un ſol cinq deniers de ſupplément; trois ſols huit deniers à chaque Anſpeſſade, dont huit deniers de ſupplément; & deux ſols huit deniers à chaque Fuſilier & au Tambour, dont deux deniers de ſupplément.

Payes de gratification.

Le Capitaine de Fuſiliers, outre l'appointement ci-deſſus, recevra cinq payes de gratification de cinq ſols huit deniers chacune, dont deux payes de ſupplément, ſa compagnie étant complète de quarante hommes, trois à trente-neuf, une ſeulement à trente-huit hommes, & rien au deſſous dudit nombre de trente-huit hommes.

Soldats ſurnuméraires du régiment du Roi.

Les cinq hommes ſurnuméraires par compagnie, établis dans le régiment d'Infanterie du Roi, par ordonnance du

7 septembre 1741, & que Sa Majesté, par celles du 20 février 1749 & premier août 1755, a bien voulu continuer d'y entretenir au-delà du complet en chacune des soixante-huit compagnies dudit régiment, sans tirer à conséquence pour les autres régimens de son Infanterie françoise, recevront leur solde sur le pied par jour, de trois sols huit deniers à chaque Grenadier, y compris huit deniers de supplément; & de deux sols huit deniers à chaque Fusilier, dont deux deniers de supplément, en passant présent aux revûes des Commissaires des guerres, jusqu'audit nombre de cinq par compagnie, sans que cela produise aucune augmentation dans les hautes-payes, ni dans les payes de gratification desdites compagnies.

Capitaines en second tenant lieu de Lieutenans.

Les Capitaines en second, ci-devant en pied, qui par la réforme remplissent des places de Lieutenant dans les compagnies de Fusiliers, jusqu'à leur remplacement, seront payés en campagne, de leurs appointemens, sur le pied chacun de trente-deux sols par jour, y compris vingt-cinq sols de supplément.

Enseignes.

Les deux Enseignes qui sont en chaque bataillon pour porter les drapeaux, seront payés de seize sols par jour, y compris onze sols de supplément.

État-major des régimens d'Infanterie françoise.

Les Officiers de l'État-major de chaque régiment d'Infanterie françoise, avec Prevôté ou sans Prevôté, seront payés sur le pied par jour, de quatre livres trois sols quatre deniers au Colonel, y compris trois livres sept sols quatre deniers de supplément; neuf livres sept sols neuf deniers un tiers au Lieutenant-colonel, y compris quatre livres dix-sept sols quatre deniers de supplément, tant pour leurs appointemens en leurdite qualité, que pour leur tenir lieu de ceux de Capitaine, n'ayant plus de compagnie;

quatre livres dix sols au Major, y compris quatre livres deux sols de supplément; trois livres trois sols quatre deniers au second Major du régiment du Roi; deux livres seize sols huit deniers à l'Aide-major, y compris deux livres dix sols huit deniers de supplément; vingt sols au Maréchal-des-logis, y compris seize sols de supplément; & dix sols à chacun des Aumônier & Chirurgien, y compris sept sols six deniers de supplément.

Colonel-lieutenant du régiment d'Infanterie du Roi.

Sa Majesté ayant réglé par son ordonnance du 20 février 1749, que la compagnie Colonelle de son régiment d'Infanterie seroit conservée, & commandée comme ci-devant par le Colonel-lieutenant, il continuera d'être payé en ladite qualité de Colonel, sur le pied réglé par l'ordonnance du premier avril 1759, de trente-trois sols quatre deniers par jour, indépendamment des appointemens qu'il recevra comme Capitaine, à raison de trois livres trois sols quatre deniers par jour; les gradations d'augmentation de traitement établies pour les compagnies de Fusiliers devant avoir lieu pour ledit régiment comme pour les autres de l'Infanterie françoise, à commencer du premier Capitaine factionnaire.

Colonel en second du régiment des Gardes de Lorraine.

Le sieur Chevalier de Beauveau, Colonel en second du régiment des Gardes de Lorraine, sera payé de ses appointemens en campagne, sur le pied de quatre livres trois sols quatre deniers, y compris trois livres sept sols quatre deniers de supplément.

Prevôté.

Les Officiers de la Prevôté des régimens où il y a Prevôté, servant dans les armées, seront payés sur le pied par jour, de dix-huit sols huit deniers au Prevôt, dont treize sols huit deniers de supplément; sept sols quatre deniers à son Lieutenant, dont quatre sols dix deniers de ſupplément; quatre ſols quatre deniers au Greffier, dont deux ſols quatre deniers de ſupplément; & trois ſols à chacun des cinq Archers & à l'Exécuteur de Juſtice, dont deux ſols de ſupplément.

Commandans & Aides-majors de bataillons.

Les Commandans des ſecond, troiſième & quatrième bataillons des régimens où il y en a ce nombre, ſeront payés ſur le pied de cinq livres dix-huit ſols dix deniers deux tiers par jour chacun, y compris quatre livres huit ſols dix deniers deux tiers de ſupplément, ne devant point être attachés à aucune compagnie; & les Aides-majors deſdits bataillons, recevront chacun deux livres ſeize ſols huit deniers par jour, y compris deux livres dix ſols huit deniers de ſupplément.

Sous-aides-majors dans le régiment du Roi.

Les quatre Sous-aides-majors que Sa Majeſté a établis dans ſon régiment d'Infanterie, par ordonnance du 20 juillet 1753, continueront de recevoir les ſeize livres treize ſols quatre deniers par mois, réglés par ladite ordonnance, indépendamment de leurs appointemens de Lieutenans.

Appointemens conſervés aux anciens Commandans de bataillon.

Les Officiers qui commandoient les bataillons qui ont été réformés par les réductions ordonnées dans l'Infanterie françoiſe, en 1748 & 1749, continueront de jouir en campagne des trente-ſix ſols huit deniers par jour qui leur ſont réglés pendant l'hiver, juſqu'à ce qu'ils ſoient remplacés; & ce indépendamment des appointemens qui leur ſont ci-deſſus réglés comme Capitaine d'une compagnie de Fuſiliers.

Officiers réformés à la ſuite des régimens.

Les Officiers réformés à la ſuite des régimens d'Infanterie françoiſe, y ſeront payés, lorſque les régimens ſervent en campagne, ſur le même pied des appointemens qui leur ont été réglés par mois d'hiver, à la déduction feulement de vingt-cinq livres par mois à chaque Colonel & Lieutenant-colonel, de quinze livres à chaque Capitaine, & de cinq livres à chaque Lieutenant.

Régimens qui fervent dans les ifles de Minorque & de Corfe.

Les régimens d'Infanterie françoife & étrangère qui fervent dans les ifles de Minorque & de Corfe, continueront d'être payés de leur folde, fur le pied réglé par l'ordonnance de folde d'hiver du 1.er avril dernier.

Officiers repréfentans ceux Prifonniers de guerre.

Les Officiers qui, en conféquence des ordonnances des 30 décembre 1757 & 9 avril 1758, doivent repréfenter ceux qui font Prifonniers de guerre, feront payés pendant la campagne, favoir; les Capitaines exploitans les compagnies des Capitaines prifonniers de guerre, fur le pied de trois livres trois fols quatre deniers par jour, quand même ils repréfenteroient des Capitaines des premières compagnies, auxquels Sa Majefté a réglé des appointemens plus forts: lefdits Capitaines repréfentans, jouiront auffi de tout le traitement attaché à leur grade, ainfi que des émolumens de la compagnie qu'ils exploitent, de l'entretien & des réparations de laquelle ils feront tenus.

Les Lieutenans qui remplaceront ceux qui font Prifonniers, feront payés fur le pied réglé par la préfente ordonnance pour les autres Lieutenans.

Et les Aides-majors qui repréfenteront les Aides-majors prifonniers, recevront les mêmes appointemens des autres Aides-majors de l'Infanterie françoife.

A l'égard des Officiers prifonniers, ils feront payés fur des ordres particuliers, ainfi que Sa Majefté s'en eft expliquée par l'ordonnance de folde du 1.er avril dernier.

Les Officiers qui auront été nommés pour repréfenter les Lieutenans-colonels, Commandans de bataillon, Majors & Capitaines de Grenadiers prifonniers, jouiront des

des appointemens & fourrages attribués à chacun de ces grades; & les Officiers prisonniers qu'ils représenteront, seront payés sur les ordres particuliers de Sa Majesté.

Entend Sa Majesté que les pensions attribuées aux Lieutenans-colonels & premiers Capitaines de vingt régimens de son Infanterie françoise, ainsi que les gratifications attachées aux charges, continuent d'être payées aux Officiers prisonniers qui en jouissent.

Royal-Lorraine & Royal-Barrois.

Les régimens Royal-Lorraine & Royal-Barrois, continueront de recevoir, en servant en campagne, la même solde qui leur est réglée par l'ordonnance du 1.er avril 1759.

L'intention de Sa Majesté est que quoique ces régimens soient à la paye de garnison toute l'année, ils aient la faculté en campagne de prendre le pain de munition & la viande, aux retenues ordinaires sur la solde; à l'exception cependant des Officiers, auxquels Elle veut bien accorder la fourniture du pain de munition *gratis*, comme en jouissent ceux de ses troupes d'Infanterie françoise.

Au moyen du traitement réglé à ces deux régimens, il ne leur sera accordé ni ustensile ni argent de recrue, devant être toûjours complets au moyen des hommes qui leur seront fournis des Milices de Lorraine & de Bar; mais Sa Majesté leur donnera des routes avec étape pour faire joindre les hommes de remplacement.

Corps des Grenadiers de France.

Le Corps des Grenadiers de France, formé par ordonnance du 15 février 1749, & qui, suivant celle du 15 septembre 1750, a rang dans l'Infanterie immédiatement après le régiment de Bourbon, ce Corps composé de quatre brigades de douze compagnies de quarante-cinq hommes, faiſant au total deux mille cent ſoixante hommes, ſur le pied de cinq cens quarante hommes par brigade, ſera payé à raiſon par jour, ſavoir;

Compagnies. Chacune des quarante-huit compagnies, de ſix livres quinze ſols dix deniers au Capitaine, y compris cinq livres dix-neuf ſols dix deniers de ſupplément, tant pour ſes appointemens que pour lui tenir lieu des cinq payes de gratification dont jouiſſent les Capitaines de Grenadiers des régimens d'Infanterie françoiſe, leur compagnie étant complète; trente ſols au Lieutenant, y compris vingt-deux ſols de ſupplément; vingt ſols au Lieutenant en ſecond, dont quatorze ſols de ſupplément; ſept ſols quatre deniers à chacun des deux Sergens, dont un ſol quatre deniers de ſupplément; cinq ſols huit deniers à chacun des trois Caporaux, dont un ſol onze deniers de ſupplément; quatre ſols huit deniers à chacun des trois Anſpeſſades, y compris un ſol deux deniers de ſupplément; & trois ſols huit deniers à chacun des trente-ſix Grenadiers & au Tambour, dont huit deniers de ſupplément.

Supplément de ſolde aux Charpentiers. Le Sergent, le Caporal & les onze Grenadiers entretenus en chacune des quatre Brigades, ſous la dénomination de Charpentiers, continueront de recevoir le ſupplément de ſolde qui leur a été réglé par l'ordonnance du 15 août 1750, à raiſon par jour, de deux ſols au Sergent, un ſol ſix deniers au Caporal, & un ſol à chaque Grenadier-Charpentier.

Enſeignes. L'Enſeigne qui eſt en chacune des quatre brigades, ſera payé ſur le pied de ſeize ſols par jour, y compris onze ſols de ſupplément.

État-major. L'État-major dudit Corps, ſera payé ſur le pied par jour, de vingt-une livres ſept ſols neuf deniers un tiers à l'Inſpecteur-commandant, y compris dix livres cinq ſols ſix deniers deux tiers de supplément; douze livres dix sols au sieur de Lanjamet, ci-devant Major, & établi Commandant en second dudit corps, par ordonnance du 8 juillet 1756, y compris neuf livres trois sols quatre deniers de supplément, lequel traitement sera éteint du jour que ledit sieur de Lanjamet ne sera plus employé audit Corps; neuf livres trois sols quatre deniers à chaque Colonel destiné à servir audit Corps, y compris huit livres sept sols quatre deniers de supplément; sept livres dix sols à chaque Lieutenant-colonel, y compris cinq livres seize sols huit deniers de supplément, & ce pour le temps seulement que lesdits Colonels & Lieutenans-colonels seront de service audit Corps en campagne; de quatre livres dix sols à chacun des quatre Sergens-majors, y compris trois livres dix-huit sols de supplément; deux livres seize sols huit deniers à chacun des quatre Aides-majors, y compris deux livres dix sols huit deniers de supplément; vingt sols à chacun des Aumônier & Chirurgien, & dix sols quatre deniers à chacun des Tambour-major & Fifre.

Corps Royal de l'Artillerie.

Les six brigades du Corps royal de l'Artillerie, composées chacune de huit compagnies de cent hommes chacune, dont une d'Ouvriers, cinq de Canonniers, & deux de Bombardiers, sera payé, en servant en campagne, savoir;

Compagnies d'Ouvriers.

La compagnie d'Ouvriers, sur le pied par jour, de cinq livres au Capitaine en premier, cinquante sols à chacun des deux Capitaines en second, quarante sols à chacun des deux Lieutenans en premier, trente sols à chacun des deux Lieutenans en second, seize sols dix deniers à chacun des six Sergens ou Maîtres-ouvriers, seize sols deux deniers à chacun des six Caporaux ou Sous-maîtres-ouvriers, quatorze sols deux deniers à chacun des six Anpessades, treize sols deux deniers à chacun de vingt-cinq des soixante Ouvriers, dix sols deux deniers à chacun des trente-cinq autres, huit sols deux deniers à chacun des vingt-un Apprentifs, & sept sols huit deniers à chacun des trois Tambours.

Le Capitaine jouira en outre de seize payes de gratification de dix sols deux deniers chacune, sa compagnie étant complète de cent hommes, douze à quatre-vingt-dix-huit, huit à quatre-vingt-seize, six à quatre-vingt-quatorze, quatre à quatre-vingt-douze, & aucune sa compagnie étant au dessous dudit nombre de quatre-vingt-douze hommes.

Compagnies de Canonniers.

Chacune des cinq compagnies de Canonniers par brigades, sera payée à raison par jour, de cinq livres au Capitaine en premier, cinquante sols à chacun des deux Capitaines en second, quarante sols à chacun des deux Lieutenans en premier, trente sols à chacun des deux Lieutenans en second, quinze sols dix deniers à chacun des six Sergens, onze sols huit deniers à chacun des six Caporaux, huit sols huit deniers à chacun des six Anspessades, six sols huit deniers à chacun de dix-huit des soixante-dix-neuf Canonniers, quatre sols deux deniers à chacun de dix-huit autres, trois sols deux deniers à chacun des quarante-trois restans, & six sols huit deniers à chacun des trois Tambours.

Compagnies de Bombardiers.

Chacune des deux compagnies de Bombardiers par brigade, sera payée sur le pied, par jour, de cinq livres au Capitaine en premier, cinquante sols à chacun des deux Capitaines en second, quarante sols à chacun des deux Lieutenans en premier, trente sols à chacun des deux Lieutenans en second, quinze sols dix deniers à chacun des six Sergens, douze sols deux deniers à chacun des six Caporaux, dix sols deux deniers à chacun des six Anspessades, neuf sols deux deniers à chacun de quatre des seize Artificiers-bombardiers, huit sols huit deniers à chacun de six desdits Artificiers-bombardiers, sept sols huit deniers à chacun de six autres, six sols huit deniers à chacun de douze des soixante-trois Bombardiers, quatre sols deux deniers à chacun de douze autres, trois sols deux deniers à chacun des trente-neuf restans, & six sols huit deniers à chacun des trois Tambours.

État-major.

L'État-major de chaque brigade, composé d'un Brigadier ou Chef de brigade, d'un Colonel, d'un Lieutenant-colonel, un Major, un Aide-major, un Sous-aide-major, un Garçon-major, un Aumônier & un Chirurgien, sera payé sur le pied, par jour, savoir; de quinze livres seize sols huit deniers au Chef de brigade, douze livres dix sols au Colonel, huit livres dix sols au Lieutenant-colonel, sept livres dix sols au Major, cinq livres dix sols à l'Aide-major, deux livres six sols huit deniers au Sous-aide-major, trente-six sols huit deniers au Garçon-major, vingt-trois sols dix deniers à l'Aumônier, & vingt-neuf sols quatre deniers au Chirurgien.

Les compagnies de Sappeurs & de Mineurs, attachées au Corps du Génie par ordonnance du 10 mars 1759, seront payées en servant en campagne, sur le pied, savoir;

Sappeurs.

Chacune des six compagnies de Sappeurs, composée de soixante hommes, de cinq livres par jour au Capitaine, quarante sols au Lieutenant, quinze sols dix deniers à chacun des trois Sergens, onze sols huit deniers à chacun des trois Caporaux, huit sols huit deniers à chacun des trois Anspessades, six sols huit deniers à chacun de onze des cinquante Sappeurs, quatre sols deux deniers à chacun des trente-neuf autres, & six sols huit deniers au Tambour.

Le Capitaine de la première compagnie ayant rang de Lieutenant-colonel, recevra par jour sept livres treize sols quatre deniers, tant en qualité de Capitaine que de Commandant des six compagnies; le Major sept livres trois sols quatre deniers, & l'Aide-major cinq livres dix sols.

Mineurs.

Chacune des six compagnies de Mineurs, composée de soixante hommes, de cinq livres par jour au Capitaine en premier, cinquante sols au Capitaine en second, quarante sols au Lieutenant, trente sols à chacun des deux Lieutenans en second, seize sols dix deniers à chacun des quatre Sergens, douze sols huit deniers à chacun des quatre Caporaux, neuf sols huit deniers à chacun des quatre Anspessades, huit sols huit deniers à chacun des vingt-quatre Mineurs, cinq sols deux deniers à chacun des vingt-deux Apprentifs, & sept sols huit deniers à chacun des deux Tambours.

Le Capitaine de la première compagnie, ayant rang de Lieutenant-colonel, recevra par jour, sept livres treize sols quatre deniers, tant en qualité de Capitaine que de Commandant des six compagnies; & le premier Capitaine en second, établi dans la première compagnie, quatre livres trois sols quatre deniers aussi par jour.

Payes de gratification.

Chaque Capitaine recevra de plus huit payes de gratification, à raison de sept sols deux deniers chacune, sa compagnie étant complète de soixante hommes, six à cinquante-neuf, quatre à cinquante-huit, trois à cinquante-sept, deux à cinquante-six, & aucune sa compagnie étant au dessous dudit nombre de cinquante-six hommes.

Le Major recevra ſept livres trois ſols quatre deniers par jour, & l'Aide-major cinq livres dix ſols.

Comme il ſe trouve, par la nouvelle forme que le Roi a donné au Corps royal de l'Artillerie & aux compagnies de Sappeurs & de Mineurs, pluſieurs hommes qui éprouvent une diminution ſur leur ſolde, l'intention de Sa Majeſté eſt qu'elle leur ſoit continuée ſur l'ancien pied tant qu'ils exiſteront à leurs troupes, juſqu'à ce qu'ils ſoient montés à des grades dont la paye ſera équivalente; au moyen de quoi les Commiſſaires des guerres feront mention dans leurs revûes, du ſupplément de paye qui reviendra à chacun de ces hommes, conformément à l'état qui leur en ſera remis par le Major ou Officier chargé du détail de chaque brigade du Corps royal de l'Artillerie & des compagnies de Sappeurs & de Mineurs, en rappelant ce ſupplément du jour qu'ils ont ceſſé d'être payés ſur l'ancien pied, & le décompte leur en ſera fait en conſéquence deſdites revûes, lequel ſupplément s'éteindra à meſure que les hommes viendront à manquer ou qu'ils monteront à des grades dont la paye équivalera celle qu'ils avoient.

Enjoint Sa Majeſté auxdits Majors ou Officiers chargés du détail, de remettre, lors de chaque revûe, un état exact & fidèle des hommes qui ſont dans le cas de jouir de ce ſupplément, lequel état ils certifieront véritable.

L'intention de Sa Majeſté eſt auſſi que ce ſupplément leur ſoit payé lorſqu'ils marcheront par étape, indépendamment de celui qui leur eſt réglé par l'ordonnance de ſolde d'hiver du premier avril dernier.

Maſſe de l'Infanterie françoiſe, des régimens Royal-

Outre la ſolde ci-deſſus de l'Infanterie françoiſe, des régimens Royal-Lorraine & Royal-Barrois, du corps des

Lorraine & Royal-Barrois, du corps des Grenadiers de France, du Corps royal de l'Artillerie, & des compagnies de Sappeurs & de Mineurs.

Grenadiers de France, & des six brigades du corps royal de l'Artillerie, des six compagnies de Sappeurs, & des six compagnies de Mineurs, il sera payé vingt-quatre deniers par jour pour chaque Sergent & Maître-Ouvrier, dont quatre deniers d'augmentation; & douze deniers pour chaque Caporal, Anspessade, Grenadier, Fusilier, Sappeur, Canonnier, Bombardier, Mineur, Sous-maître-ouvrier, Ouvrier, Apprentif & Tambour, dont deux deniers d'augmentation, pour former une Masse toûjours complète, qui restera entre les mains des Trésoriers généraux de l'Extraordinaire des guerres & de l'Artillerie, & dont la main-levée sera ordonnée, ainsi qu'il est réglé par l'ordonnance du premier avril dernier.

RÉGIMENS de GRENADIERS-ROYAUX, de deux bataillons chacun.

LES Régimens de Grenadiers-royaux, formés des compagnies de Grenadiers & des Grenadiers-postiches des bataillons de Milices, seront payés, en servant en campagne, savoir;

Chaque compagnie formant deux troupes, l'une de Grenadiers, & l'autre de Grenadiers-postiches, à raison par jour, pour celle de Grenadiers composée de cinquante hommes, de quatre livres au Capitaine, trente-deux sols au premier Lieutenant, vingt sols au second Lieutenant; sept sols quatre deniers à chacun des deux Sergens, dont un sol quatre deniers de supplément; cinq sols huit deniers à chacun des trois Caporaux, dont un sol onze deniers de supplément; quatre sols huit deniers à chacun des trois Anspessades, dont un sol deux deniers de supplément; trois sols huit deniers à chacun des quarante-un Grenadiers, dont huit deniers de supplément; & cinq sols huit deniers au Tambour, dont huit deniers de supplément, lequel

lequel, à ce moyen, entretiendra sa caisse de peaux & de cordages, & se fournira de baguettes.

Compagnie de Grenadiers-postiches.

Et pour celle de Grenadiers-postiches, composée de soixante hommes, à raison par jour, de trois livres dix sols au Capitaine, vingt-cinq sols au Lieutenant, six sols quatre deniers à chacun des trois Sergens, dont un sol quatre deniers de supplément; quatre sols huit deniers à chacun des trois Caporaux, dont un sol cinq deniers de supplément; trois sols huit deniers à chacun des trois Anspessades, dont huit deniers de supplément; deux sols huit deniers à chacun des cinquante Grenadiers-postiches, dont deux deniers de supplément; & quatre sols huit deniers au Tambour, dont huit deniers de supplément, lequel, à ce moyen, entretiendra sa caisse de peaux & de cordages, & se fournira de baguettes.

Pain de munition & la viande aux Sergens & Soldats.

Les Sergens, Caporaux, Anspessades, Grenadiers, Grenadiers-postiches & Tambours, auront en campagne du pain de munition & de la viande, outre la solde ci-dessus; au moyen de laquelle ils seront tenus de s'entretenir de linge & de chaussure.

Seconds Lieutenans pour porter les drapeaux.

Il sera payé vingt sols par jour au second Lieutenant entretenu aux Grenadiers-postiches des deux premières compagnies de chacun desdits régimens, pour porter les drapeaux.

État-major.

L'État-major de chacun desdits régimens, sera payé sur le pied, par jour, de douze livres au Colonel; dix livres au Lieutenant-colonel, tant pour leurs appointemens en ladite qualité, que pour leur tenir lieu de ceux de Capitaine, n'ayant point de compagnies; six livres au Major, & trois livres à chacun des deux Aides-majors.

Pain de munition aux Officiers des

Sa Majesté voulant bien faire participer les Officiers des

régimens de Grenadiers-royaux.

régimens de Grenadiers-royaux, qui servent dans ses armées, à la grace qu'Elle a accordée à plusieurs de ses troupes, en leur faisant délivrer la fourniture du pain *gratis*, pour laquelle on leur retenoit deux sols par ration, attendu qu'ils avoient paye égale toute l'année, son intention est que cette fourniture leur soit faite aussi *gratis* sur le pied des quantités réglées pour chaque grade, comme à l'Infanterie françoise.

IV.

TROUPES LÉGÉRES.

RÉGIMENS des VOLONTAIRES de FLANDRE & du HAYNAULT. Composition.

LES régimens des Volontaires de Flandre, & celui des Volontaires du Haynault, portés par ordonnance particulière du 25 février 1758, à six cens hommes chacun, en huit compagnies de soixante-quinze hommes, dont quarante d'Infanterie & trente-cinq de Cavalerie, seront payés sur le pied par jour; savoir, chacune desdites compagnies de soixante-quinze hommes, à raison de six livres au Capitaine en pied ou titulaire, dont vingt sols de supplément.

Compagnie de soixante-quinze hommes, dont quarante à pied & trente-cinq à cheval.

Infanterie.

Pour la partie de l'Infanterie, cinquante-six sols huit deniers au Capitaine en second de Fusiliers, dont six sols huit deniers de supplément; quarante sols au Lieutenant, dont six sols huit deniers de supplément; onze sols quatre deniers à chacun des deux Sergens, sept sols huit deniers à chacun des trois Caporaux, six sols huit deniers à chacun des trois Anspessades, & cinq sols huit deniers à chacun des trente-un Fusiliers & au Tambour.

Cavalerie.

Et pour la partie de la Cavalerie, trois livres six sols huit deniers au Capitaine en second, dont six sols huit deniers de supplément; deux livres dix sols au Lieutenant, quarante sols au Cornette, vingt-six sols huit deniers au Maréchal-des-logis, huit sols à chacun des deux Brigadiers, & sept sols à chacun des trente-deux Cavaliers & au Trompette ou Timbalier.

Payes de gratification.

Le Capitaine titulaire recevra en outre pour sa compagnie d'Infanterie, cinq payes de gratification de cinq sols huit deniers chacune, dont deux d'augmentation, sa compagnie étant complète de quarante hommes, trois à trente-neuf, une à trente-huit, & rien au dessous dudit nombre de trente-huit hommes.

État-major de chacun des régimens des Volontaires de Flandre & du Haynault.

L'État-major de chacun desdits régimens, sera payé sur le pied par jour; savoir, de seize livres treize sols quatre deniers au Colonel, dix livres au Lieutenant-colonel, lesquels ne doivent point avoir de compagnie; six livres au Major, trois livres six sols huit deniers à l'Aide-major d'Infanterie, quatre livres à l'Aide-major de Cavalerie, trente sols à l'Aumônier, & vingt sols au Chirurgien.

Enseigne en chaque régiment pour porter le drapeau.

Il sera entretenu en chacun desdits régimens un Enseigne pour porter le drapeau, lequel sera payé sur le pied par jour, de trente sols; l'étendard sera porté par un des Cornettes.

LÉGION-ROYALE.

Composition.

La Légion-royale, portée par ordonnance du 10 février 1759, à dix-huit cens hommes en dix-sept compagnies, dont deux de Grenadiers de quarante-cinq hommes, douze de cent vingt-cinq hommes, dont soixante-quinze à pied, & cinquante Dragons montés, deux compagnies d'Hussards de soixante-quinze hommes, & une d'Ouvriers de soixante, sera payée, savoir;

Compagnies de Grenadiers.

Chacune des deux compagnies de Grenadiers, sur le pied par jour, de cinq livres au Capitaine, dont vingt sols de supplément; cinquante sols au Lieutenant, quarante sols au Lieutenant en second, douze sols quatre deniers à chacun des deux Sergens, huit sols huit deniers à chacun des trois Caporaux, sept sols huit deniers à chacun des trois Anspessades, six sols huit deniers à chacun des trente-six Grenadiers & au Tambour; & pareils six sols huit deniers pour chacune des cinq payes de gratification, dont deux de supplément, que le Capitaine recevra par jour, sa compagnie étant complète de quarante-cinq hommes, & rien au dessous dudit nombre.

Payes de gratification.

Compagnies de cent vingt-cinq hommes, dont soixante-quinze à pied, & cinquante Dragons montés.

Infanterie.

Chacune des douze compagnies de cent vingt-cinq hommes, dont soixante-quinze d'Infanterie & cinquante de Dragons, sera payée à raison par jour, de six livres au Capitaine titulaire; & pour la partie de l'Infanterie, de cinquante-six sols huit deniers au Capitaine en second, dont six sols huit deniers de supplément; quarante sols au Lieutenant, dont cinq de supplément; trente sols au Lieutenant en second, onze sols quatre deniers à chacun des quatre Sergens, sept sols huit deniers à chacun des six Caporaux, six sols huit deniers à chacun des six Anspessades, & cinq sols huit deniers à chacun des cinquante-huit Fusiliers & au Tambour.

Payes de gratification.

Le Capitaine titulaire recevra en outre neuf payes de gratification de cinq sols huit deniers chacune, pour sa compagnie d'Infanterie, lorsqu'elle sera complète de soixante-quinze hommes, six à soixante-quatorze, trois à soixante-douze & soixante-treize, deux à soixante-onze, une à soixante-dix, & rien au dessous dudit nombre de soixante-dix hommes.

Dragons.

Et pour la partie de Dragons, il sera payé au Capitaine en second trois livres six sols huit deniers, dont six sols huit deniers de supplément, cinquante sols au

Lieutenant, dont dix ſols de ſupplément; quarante ſols au Lieutenant en ſecond, vingt-ſix ſols huit deniers au Maréchal-des-logis, dix ſols ſix deniers au Fourrier établi par ordonnance du premier novembre 1758, huit ſols à chacun des trois Brigadiers, & ſept ſols à chacun des quarante-cinq Dragons & un Tambour.

Compagnies d'Huſſards.

Chacune des deux compagnies d'Huſſards, ſera payée à raiſon par jour, de ſix livres au Capitaine, trois livres au premier Lieutenant, cinquante ſols au ſecond Lieutenant, quarante-cinq ſols au Cornette, vingt-ſix ſols huit deniers à chacun des deux Maréchaux-des-logis, douze ſols au Fourrier, neuf ſols à chacun des ſix Brigadiers, & ſept ſols à chacun des ſoixante-ſept Huſſards & un Trompette.

Compagnie d'Ouvriers.

La compagnie d'Ouvriers de ſoixante hommes, ſera payée à raiſon par jour, de quatre livres au Capitaine, quarante ſols au Lieutenant, trente ſols au Lieutenant en ſecond, vingt-cinq ſols au Sous-lieutenant, ſeize ſols quatre deniers à chacun des trois Sergens, quatorze ſols quatre deniers à chacun des trois Maîtres-ouvriers, douze ſols deux deniers à chacun des trois Sous-maîtres, dix ſols deux deniers à chacun des vingt-un Charpentiers, & huit ſols deux deniers à chacun des trente Apprentiſs, y compris le Tambour.

Payes de gratifications.

Le Capitaine recevra de plus ſix payes de gratification de huit ſols deux deniers chacune, ſa compagnie étant complète de ſoixante hommes, trois à cinquante-neuf, une à cinquante-huit, & rien au deſſous dudit nombre de cinquante-huit hommes.

Charretier.

Il ſera payé vingt ſols par jour au Charretier attaché à ladite compagnie, pour conduire le Caiſſon deſtiné

576

à porter les outils & munitions, lequel Caiſſon ſera attelé de trois chevaux, à chacun deſquels il ſera fourni une ration de fourrage.

État-major.

L'État-major de la Légion-royale, ſera payé ſur le pied par jour, de ſeize livres treize ſols quatre deniers au Colonel-commandant, tant pour ſes appointemens en ladite qualité, que pour lui tenir lieu de ceux de Capitaine, ne devant point avoir de compagnie; laquelle fixation aura lieu à commencer du premier avril de la préſente année; ſix livres au Major, trois livres ſix ſols huit deniers à chacun des deux Aides-majors d'Infanterie, dont ſix ſols huit deniers de ſupplément; quatre livres à chacun des deux Aides-majors de Dragons, trente ſols à chacun des Aumôniers & Chirurgiens, & vingt ſols à chacun des Aides-chirurgiens & Prevôt.

Entend Sa Majeſté que les appointemens des Officiers mis d'augmentation dans cette Légion par ladite ordonnance du 10 février 1759, ainſi que la ſolde & maſſe des Soldats, Dragons & Huſſards mis pareillement d'augmentation, ne commence à avoir lieu que du 15 février de la préſente année ſuivant les revûes des Commiſſaires des guerres, & le fourrage ſera fourni aux chevaux effectifs auxdites revûes.

RÉGIMENT des VOLONTAIRES du DAUPHINÉ. Compoſition.

LE Régiment des Volontaires du Dauphiné, porté par ordonnance du 7 avril 1758, à cinq cens ſoixante hommes, en huit compagnies de ſoixante-dix hommes chacune, dont quarante d'Infanterie, & trente Dragons montés, ſera payé, ſavoir:

Compagnies de ſoixante-dix hommes, dont quarante d'In-

Chacune deſdites compagnies de ſoixante-dix hommes, à raiſon par jour, de ſix livres au Capitaine en pied ou titulaire, dont vingt ſols de ſupplément.

fanterie, & trente Dragons montés.

Infanterie.

Pour la partie de l'Infanterie, cinquante-six sols huit deniers au Capitaine en second de Fusiliers, dont six sols huit deniers de supplément; quarante sols au Lieutenant, dont six sols huit deniers de supplément; onze sols quatre deniers à chacun des deux Sergens, sept sols huit deniers à chacun des trois Caporaux, six sols huit deniers à chacun des trois Anspessades, & cinq sols huit deniers à chacun des trente-un Fusiliers & au Tambour.

Dragons.

Et pour la partie des Dragons, trois livres six sols huit deniers au Capitaine en second, dont six sols huit deniers de supplément; cinquante sols au Lieutenant, vingt-six sols huit deniers au Maréchal-des-logis, sept sols six deniers à chacun des deux Brigadiers, & six sols six deniers à chacun des vingt-sept Dragons & au Tambour.

Payes de gratification.

Le Capitaine titulaire recevra en outre pour sa compagnie d'Infanterie, cinq payes de gratification de cinq sols huit deniers chacune, dont deux d'augmentation, sa compagnie étant complète de quarante hommes, trois à trente-neuf, une à trente-huit, & rien au dessous dudit nombre de trente-huit hommes.

Supplément d'appointemens aux sieurs Beringuier & Lancize.

Les sieurs Beringuier & Lancize qui ont rang de Lieutenant-colonel, & qui commandent chacun en qualité de Capitaine une des compagnies dudit régiment, continueront de recevoir, outre leurs appointemens de Capitaine, chacun trente-trois sols quatre deniers par jour, lequel traitement leur étant personnel, n'aura point lieu pour ceux qui leur succéderont; voulant au surplus Sa Majesté que lesdits sieurs Beringuier & Lancize fassent le service de Capitaine audit régiment.

État-major.

L'État-major de ce régiment sera payé sur le pied par

jour ; ſavoir, de ſeize livres treize ſols quatre deniers au Colonel, dix livres au Lieutenant-colonel, leſquels ne doivent point avoir de compagnie; ſix livres au Major, trois livres ſix ſols huit deniers à l'Aide-major, trente ſols à l'Aumônier, & vingt ſols au Chirurgien.

Enſeigne & Cornette pour porter les drapeaux & étendard.

Il ſera entretenu dans ledit régiment un Enſeigne pour porter le drapeau, & un Cornette pour porter l'étendard, leſquels ſeront payés, ſur le pied par jour, de trente ſols à l'Enſeigne, & de quarante-cinq ſols au Cornette.

RÉGIMENT des VOLONTAIRES ÉTRANGERS de CLERMONT-PRINCE.

LE régiment des Volontaires-Étrangers de Clermont-Prince, réduit par ordonnance du 15 août 1758, à douze cens hommes, dont huit cens à pied, & quatre cens à cheval, formant deux compagnies de Grenadiers de cinquante hommes, ſept compagnies de Fuſiliers de cent hommes, & huit compagnies de Cavalerie de cinquante hommes, ſera payé, ſavoir:

Compagnies de Grenadiers.

Chacune des deux compagnies de Grenadiers, ſur le pied par jour, de ſix livres au Capitaine, trois livres au Lieutenant, trente ſols au Sous-lieutenant, treize ſols quatre deniers à chacun des deux Sergens, huit ſols deux deniers à chacun des trois Caporaux, ſept ſols deux deniers à chacun des trois Anſpeſſades, ſix ſols huit deniers à chacun des quarante-un Grenadiers, & ſept ſols deux deniers au Tambour. Le Capitaine recevra de plus cinq payes de gratification de ſix ſols huit deniers chacune, ſa compagnie étant complète de cinquante hommes, & rien au deſſous dudit nombre.

Compagnies de Fuſiliers.

Chacune des ſept compagnies de Fuſiliers, ſur le pied par jour, de cinq livres au Capitaine, cinquante ſols au Capitaine en ſecond, trente-trois ſols quatre deniers au Lieutenant

Lieutenant en premier, vingt-sept sols au Lieutenant en second, vingt-quatre sols au Sous-lieutenant, onze sols quatre deniers à chacun des quatre Sergens, douze sols deux deniers à chacun des quatre Cadets, neuf sols deux deniers au Fourrier, pareils neuf sols deux deniers au Capitaine d'armes, sept sols deux deniers à chacun des six Caporaux, six sols deux deniers à chacun des six Anspessades, sept sols deux deniers à chacun des deux Canonniers & deux Charpentiers, cinq sols huit deniers à chacun des soixante-douze Fusiliers, & sept sols deux deniers à chacun des deux Tambours. Le Capitaine recevra de plus douze payes de gratification de cinq sols huit deniers chacune, sa compagnie étant complète de cent hommes; onze à quatre-vingt-dix-neuf, dix à quatre-vingt-dix-huit, neuf à quatre-vingt-dix-sept, huit à quatre-vingt-quinze, sept à quatre-vingt-douze, & six à quatre-vingt-dix, ne devant rien toucher desdites payes de gratification, sa compagnie étant au dessous dudit nombre de quatre-vingt-dix hommes.

Compagnies de Cavalerie.

Chacune des huit compagnies de Cavalerie, sur le pied par jour, de six livres au Capitaine, trois livres au Lieutenant, quarante-cinq sols au Cornette, trente sols à chacun des deux Maréchaux-des-logis, neuf sols à chacun des quatre Brigadiers, quatorze sols à chacun des deux Cadets, sept sols à chacun des quarante-trois Cavaliers, & dix sols au Trompette ou Timbalier, où il doit y en avoir.

État-major.

L'État-major de ce régiment, sera payé sur le pied par jour, de seize livres treize sols quatre deniers au Colonel-lieutenant, quatorze livres au Lieutenant-colonel, dix livres au Lieutenant-colonel en second, tant pour

D

leur traitement en leurdite qualité, que pour leur tenir lieu de celui de Capitaine, ne devant point avoir de compagnie; huit livres au Major, trois livres six sols huit deniers à chacun des deux Aides-majors d'Infanterie, trois livres dix sols à chacun des deux Aides-majors de Cavalerie, trente sols à l'Aumônier, vingt sols au Chirurgien-major, trente sols au Maréchal-des-logis, quarante sols à l'Auditeur, pareils quarante sols au Prevôt, vingt sols au Greffier, & douze sols à chacun des deux Archers & à l'Exécuteur de Justice.

Quoique l'intention de Sa Majesté soit de fixer les appointemens des Colonels des régimens de Troupes légères, sur le pied ci-dessus de seize livres treize sols quatre deniers par jour, à commencer du premier avril de la présente année, Elle entend cependant que le Colonel-lieutenant du régiment des Volontaires-Étrangers de Clermont-Prince, jouisse des vingt-cinq livres par jour qui lui étoient attribuées ci-devant jusqu'au jour qu'il sera remplacé; au moyen de quoi les appointemens de son successeur seront réduits à la somme ci-dessus de seize livres treize sols quatre deniers.

Régiment des Volontaires Liégeois.

Le Régiment des Volontaires-Liégeois, créé par ordonnance du 15 août 1758, composé de six cens hommes, dont quatre cens à pied & deux cens à cheval, formant quatre compagnies de Fusiliers de cent hommes chacune, & un pareil nombre de compagnies de Cavalerie, de cinquante hommes, sera payé, savoir;

Compagnies d'Infanterie.

Chacune des quatre compagnies de Fusiliers, sur le pied par jour, de cinq livres au Capitaine, cinquante sols au Capitaine en second, trente-trois sols quatre deniers au Lieutenant en premier, vingt-sept sols au Lieutenant en second, vingt-quatre sols au Sous-lieutenant, onze sols quatre deniers à chacun des quatre Sergens, neuf sols deux deniers au Fourrier, pareils neuf sols deux deniers au Capitaine d'armes, sept sols deux deniers à chacun des six Caporaux, six sols deux deniers à chacun des six Anspessades, six sols huit deniers à chacun des dix Grenadiers, cinq sols huit deniers à chacun des soixante-dix Fusiliers, & sept sols deux deniers à chacun des deux Tambours.

Le Capitaine recevra de plus douze payes de gratification de cinq sols huit deniers chacune, sa compagnie étant complète de cent hommes ; onze à quatre-vingt-dix-neuf, dix à quatre-vingt-dix-huit, neuf à quatre-vingt-dix-sept, huit à quatre-vingt-quinze, sept à quatre-vingt-douze, & six à quatre-vingt-dix, & rien au dessous dudit nombre de quatre-vingt-dix hommes.

Compagnies de Cavalerie.

Chacune des quatre compagnies de Cavalerie, sur le pied par jour, de six livres au Capitaine, trois livres au Lieutenant, quarante-cinq sols au Cornette, trente sols à chacun des deux Maréchaux-des-logis, neuf sols à chacun des quatre Brigadiers, sept sols à chacun des quarante-cinq Cavaliers, & dix sols au Trompette ou Timbalier.

État-major.

L'État-major de ce régiment, sera payé sur le pied par jour, de seize livres treize sols quatre deniers au Colonel, dix livres au Lieutenant-colonel, tant pour leurs appointemens en ladite qualité, qu'en celle de Capitaine, ne devant point avoir de compagnie ; huit livres au Major, trois livres dix sols à l'Aide-major de Cavalerie, trois livres six sols huit deniers à celui d'Infanterie, trente sols à l'Aumônier, & vingt sols au Chirurgien.

RÉGIMENT des VOLONTAIRES

LE Régiment des Volontaires-Étrangers, commandé par le sieur de Vignolles, formé en conséquence de

ÉTRANGERS de VIGNOLLES.

l'ordonnance du 27 janvier 1759, des ſecond & troiſième bataillons des Volontaires-Étrangers, & compoſé, à commencer du premier mars 1759, d'un ſeul bataillon de ſept cens hommes, en dix-ſept compagnies, dont une de Grenadiers de ſoixante hommes, & ſeize de Fuſiliers de quarante, ſera payé ſur le pied ci-après, ſavoir,

Compagnie de Grenadiers.

La compagnie de Grenadiers, compoſée d'un Capitaine, un Lieutenant, un Lieutenant en ſecond, trois Sergens, trois Caporaux, trois Anſpeſſades, quarante-neuf Grenadiers, un Fifre & un Tambour, à raiſon de cent livres par mois au Capitaine, ſoixante-ſix livres au Lieutenant, cinquante livres au Lieutenant en ſecond, & de treize livres par homme auſſi par mois.

Le Capitaine recevra de plus neuf payes de gratification de treize livres chacune, ſa compagnie devant toûjours être complète au nombre de ſoixante.

Compagnies de Fuſiliers.

Chaque compagnie de Fuſiliers, compoſée d'un Capitaine, un Lieutenant, un Lieutenant en ſecond, deux Sergens, trois Caporaux, trois Anſpeſſades, un Tambour, un Fifre & trente Fuſiliers, ſera payée par mois, à raiſon de quatre-vingt-dix livres au Capitaine, ſoixante livres au Lieutenant, cinquante livres au Lieutenant en ſecond, & de treize livres par homme auſſi par mois.

Le Capitaine recevra de plus ſix payes de gratification de treize livres chacune, ſa compagnie étant complète à quarante hommes, quatre à trente-huit, deux à trente-ſix, & rien au deſſous dudit nombre de trente-ſix hommes.

Veut Sa Majeſté, qu'au moyen du traitement ci-deſſus, chaque Capitaine ſoit tenu d'entretenir ſa troupe d'habillement, d'équipement & d'armement; de payer la folde de fa compagnie, y compris les Sergens, Haute-payes & Grenadiers, fans aucune retenue, fous quelque prétexte que ce foit, & de la maintenir au nombre d'hommes auquel elle eft fixée.

État-major.

L'État-major fera payé à raifon par mois de cinq cens livres au Colonel, trois cens livres au Lieutenant-colonel, pareilles trois cens livres au Lieutenant-colonel en fecond, lefquels ne doivent point avoir de compagnie ; deux cens quarante livres au Major, cent livres à l'Aide-major, quatre-vingt-dix livres au Sous-aide-major, quarante-cinq livres à l'Aumônier, & cinquante livres au Chirurgien.

Officiers réformés.

Les Officiers qui, par la nouvelle formation de ce régiment, fe font trouvés d'excédans, & que Sa Majefté a bien voulu entretenir à la fuite dudit régiment en qualité d'Officiers réformés, chacun fuivant leur grade, feront payés fur le pied de cinq cens livres par an à chaque Capitaine, trois cens livres à chaque Lieutenant, & deux cens livres à chaque Lieutenant en fecond.

RÉGIMENT ROYAL-CANTABRES.

LE régiment Royal-Cantabres, compofé par ordonnance du 13 janvier 1759, d'un bataillon de fix cens quatre hommes, en neuf compagnies, dont une de Grenadiers de cinquante-fix hommes, & huit de Fufiliers de foixante-huit hommes chacune, fera payé fur le pied par jour, favoir ;

Compagnie de Grenadiers.

La compagnie de Grenadiers, de fix livres au Capitaine, quarante fols au Lieutenant, trente-trois fols quatre deniers au Lieutenant en fecond, douze fols quatre deniers à chacun des deux Sergens, onze fols deux deniers au Fourrier, dix fols deux deniers au Capitaine d'armes, huit fols huit deniers à chacun des quatre Caporaux, fept fols huit deniers à chacun des quatre Anfpeffades, & fix ſols huit deniers à chacun des quarante-trois Grenadiers & un Tambour.

Le Capitaine recevra de plus ſix payes de gratification de ſix ſols huit deniers chacune, ſa compagnie devant être toûjours complète, en exécution de l'ordonnance du 22 octobre 1758.

Compagnies de ſoixante-huit hommes.

Chaque compagnie de ſoixante-huit hommes, à raiſon de cinq livres au Capitaine en pied, dont trente-trois ſols quatre deniers de ſupplément; quarante ſols au Lieutenant, dont cinq ſols de ſupplément; trente-trois ſols quatre deniers au Lieutenant en ſecond, dont trois ſols quatre deniers de ſupplément; onze ſols quatre deniers à chacun des trois Sergens, dix ſols deux deniers au Fourrier, neuf ſols deux deniers au Capitaine d'armes, ſept ſols deux deniers à chacun des quatre Caporaux, ſix ſols huit deniers à chacun des quatre Anſpeſſades, & cinq ſols huit deniers à chacun des cinquante-quatre Fuſiliers & un Tambour.

Payes de gratification.

Le Capitaine, outre ſes appointemens, recevra ſept payes de gratification de cinq ſols huit deniers chacune, ſa compagnie étant complète de ſoixante-huit hommes, cinq à ſoixante-ſix, trois à ſoixante-quatre, une à ſoixante-deux, & rien au deſſous dudit nombre de ſoixante-deux hommes.

Les quatre Capitaines en ſecond, qui, par la nouvelle compoſition de ce régiment, ſe ſont trouvés d'excédant, ſeront employés en leurdite qualité aux quatre premières compagnies de Fuſiliers, & ſeront payés de leurs appointemens, ſur le pied de cinquante-ſix ſols huit deniers par jour, juſqu'à ce qu'ils ſoient pourvûs de compagnies.

État-major.

L'État-major de ce régiment, ſera payé ſur le pied par

jour, de seize livres treize sols quatre deniers au Colonel-lieutenant, dix livres au Lieutenant-colonel qui n'auront plus de compagnie, six livres au Major, trois livres six sols huit deniers à l'Aide-major, y compris six sols huit deniers de supplément; trente sols à l'Aumônier, vingt sols au Chirurgien, & douze sols à chacun des quatre Tambourins.

Corps des Chasseurs de Fischer. Composition.

Le Corps des Chasseurs de Fischer, composé de douze cens hommes, en conséquence de l'ordonnance du 8 juillet 1757, en seize compagnies, dont huit d'Infanterie de soixante-quinze hommes chacune, & huit de Cavalerie de même nombre, sera payé sur le pied par jour, savoir;

Compagnies d'Infanterie de soixante-quinze hommes.

Chacune des compagnies d'Infanterie, de soixante-quinze hommes, à raison de cinquante-six sols huit deniers au Capitaine en second, dont six sols huit deniers de supplément; quarante sols au premier Lieutenant, dont cinq sols de supplément; trente-trois sols quatre deniers au second Lieutenant, dont trois sols quatre deniers de supplément; vingt sols à chacun des quatre Sergens, seize sols à chacun des six Caporaux, quatorze sols à chacun des six Anspessades & des six Grenadiers, & dix sols à chacun des cinquante-trois Chasseurs.

Compagnies de Cavalerie de soixante-quinze hommes.

Chacune des compagnies de Cavalerie, de soixante-quinze hommes, à raison de quatre livres au premier Capitaine en second, dont treize sols quatre deniers de supplément; cinquante-six sols huit deniers au second Capitaine en second, dont six sols huit deniers de supplément; cinquante sols au premier Lieutenant, dont cinq sols de supplément; quarante sols au second Lieutenant, vingt-six sols huit deniers à chacun des deux

Maréchaux-des-logis, seize sols à chacun des six Brigadiers, & dix sols à chacun des soixante-neuf Chasseurs.

État-major. L'État-major dudit Corps, sera payé sur le pied par jour, savoir; de quinze livres au sieur Fischer, tant en sa qualité de Commandant, que de Capitaine en premier des compagnies à pied & à cheval; dix livres au Lieutenant-colonel, six livres au Major, trois livres six sols huit deniers à chacun des deux Aides-majors, trente sols à l'Aumônier, vingt sols au Chirurgien, & pareils vingt sols au Prevôt.

Surnuméraires. Les Surnuméraires que Sa Majesté a autorisé le sieur Fischer d'admettre dans ledit Corps, par son ordonnance particulière du 15 août 1757, continueront d'être payés de leur solde sur le pied de dix sols chacun par jour, suivant les revûes des Commissaires des guerres, en observant de ne point excéder le nombre de huit cens hommes fixé par ladite ordonnance, sans aucune haute-paye ni autre dépense pour Sa Majesté, tant qu'Elle jugera à propos de laisser subsister lesdits Surnuméraires au-delà des douze cens hommes à quoi Elle a fixé ledit Corps par son ordonnance du 8 juillet 1757.

Entend Sa Majesté qu'au moyen du traitement ci-dessus, le sieur Fischer sera chargé de l'habillement, armement, équipement & entretien desdits Chasseurs, tant à pied qu'à cheval.

RÉGIMENT des VOLONTAIRES D'ALSACE, ci-devant BÊYERLÉ. Composition. LE régiment des Volontaires d'Alsace, composé de quatre cens vingt hommes, en conséquence de l'ordonnance du premier février 1758, en six compagnies de soixante-dix hommes chacune, dont quarante d'Infanterie & trente Dragons, sera payé sur le pied, savoir;

Compagnies Chaque compagnie, à raison de six livres par jour au Capitaine

Capitaine en pied ou titulaire, dont vingt sols de supplément : Pour la partie de l'Infanterie, de trois livres au Capitaine en second, quarante sols au Lieutenant ; & le Capitaine titulaire recevra pour la solde de quarante hommes à pied, treize livres par mois ; & pareilles treize livres, aussi par mois, pour chacune des cinq payes de gratification, dont une de supplément, sa compagnie étant complète de quarante hommes, trois à trente-neuf, deux à trente-huit, & rien au dessous dudit nombre de trente-huit hommes.

de soixante-dix hommes, dont quarante d'Infanterie & trente Dragons.

Infanterie.

Payes de gratification.

Il sera payé au Capitaine en second de Dragons, trois livres dix sols par jour, cinquante sols au Lieutenant, vingt-six sols huit deniers au Maréchal-des-logis, neuf sols à chacun des deux Brigadiers, & sept sols à chacun des vingt-sept Dragons & au Tambour ou Trompette.

Dragons.

L'État-major de ce régiment, sera payé sur le pied par jour, savoir ; de seize livres treize sols quatre deniers au Colonel, de dix livres au Lieutenant-colonel, tant pour leurs appointemens en ladite qualité, que pour leur tenir lieu de ceux de Capitaine ; six livres au Major, trois livres dix sols à l'Aide-major, trente sols à l'Aumônier, & vingt sols au Chirurgien.

État-major.

Il sera de plus entretenu un Enseigne & un Cornette audit régiment, pour porter le drapeau & l'étendard, & il sera payé trente sols par jour d'appointemens à l'Enseigne, & quarante sols au Cornette.

Enseigne & Cornette pour porter le drapeau & l'étendard.

LE Corps des Fusiliers de Montagne, composé de cent vingt hommes, en trois compagnies de quarante hommes chacune, sera payé, savoir ;

FUSILIERS de MONTAGNE.

Chaque compagnie sur le pied par jour, de quatre

Compagnies.

livres au Capitaine en premier, dont vingt sols de supplément ; trois livres au Capitaine en second, dont dix sols de supplément ; trente-trois sols quatre deniers au Lieutenant, y compris trois sols quatre deniers de supplément ; quinze sols à chacun des trois Brigadiers, onze sols à chacun des trois Sous-brigadiers, & neuf sols à chacun des trente-trois Fusiliers & au Tambour.

Il sera retenu pour l'habillement, armement & équipement desdites trois compagnies, quatre sols par jour sur la solde de chaque Brigadier, trois sols sur celle de chaque Sous-brigadier, & deux sols sur celle de chaque Fusilier & Tambour : Mais comme cette retenue ne peut avoir lieu sur la solde que pour le nombre d'hommes dont les compagnies se trouveront composées aux revûes des Commissaires des guerres, ce qui opéreroit un vuide au Capitaine dans les fonds destinés aux réparations de sa troupe ; & Sa Majesté voulant y suppléer, Elle veut bien prendre sur son compte les deux sols affectés à l'habillement, équipement & armement de chacun des Fusiliers qui manqueront aux revûes, afin que cela compose une somme toûjours égale, sans avoir égard aux hommes qui pourroient manquer dans les compagnies, pour composer à la fin de l'année une Masse complète sur le pied ci-dessus, laquelle demeurera entre les mains du Trésorier général de l'Extraordinaire des guerres, pour être payée sur la main-levée d'un Inspecteur d'Infanterie ; au moyen de quoi, chaque Capitaine sera chargé de l'entretien général de sa troupe.

Etat-major. L'État-major dudit Corps de Fusiliers de Montagne, sera payé à raison par jour, de six livres treize sols quatre deniers au Commandant, dont trente-trois sols quatre deniers de supplément, tant pour ses appointemens en ladite qualité, que pour lui tenir lieu de ceux de Capitaine, ne devant être attaché à aucune compagnie; & trois livres six sols huit deniers à l'Aide-major, y compris seize sols huit deniers de supplément.

Compagnie de Fusiliers-guides.

La compagnie de Fusiliers-guides, créée par ordonnance du 26 décembre 1756, composée de vingt-cinq hommes, dont treize à pied & douze à cheval, sera payée à raison par jour, de quatre livres au Capitaine, vingt-sept sols huit deniers au Lieutenant, vingt sols au Lieutenant en second, treize sols quatre deniers à chaçun des deux Sergens, dont un à cheval; dix sols huit deniers à chacun des deux Caporaux, dont un à cheval; huit sols huit deniers à l'Anspessade, & six sols huit deniers à chacun des vingt Fusiliers-guides, dont dix à cheval. Le Capitaine recevra de plus deux payes de gratification de six sols huit deniers chacune, la compagnie étant complète de vingt-cinq hommes.

Payes de gratification.

Masse des Troupes légéres.

Outre la solde ci-dessus réglée pour les régimens des Volontaires de Flandre & du Haynault, la Légion Royale, les régimens des Volontaires du Dauphiné & de Royal-Cantabres, le régiment des Volontaires de Clermont-Prince & celui des Volontaires Liégeois, les troupes à cheval du régiment des Volontaires d'Alsace & la compagnie de Fusiliers-guides, il sera payé vingt-quatre deniers par jour pour chaque Sergent & Maître-ouvrier, dont quatre deniers d'augmentation; & douze deniers, dont deux d'augmentation, pour chaque Caporal, Anspessade, Grenadier, Fusilier, Ouvrier, Brigadier, Sous-brigadier, Volontaire, Cavalier, Dragon, Fusilier-guide à pied ou à cheval, Trompette, Timbalier &

Tambour, pour former une Maſſe toûjours complète par année, laquelle reſtera entre les mains du Tréſorier général de l'Extraordinaire des guerres, pour être délivrée & employée, comme il eſt réglé à l'article de la Maſſe de l'Infanterie françoiſe; Sa Majeſté voulant que ladite Maſſe ait lieu au complet, ainſi qu'elle eſt fixée ci-deſſus, pour tous leſdits Corps.

Entend Sa Majeſté, que ſur la paye des Sergens, Caporaux, Anſpeſſades, Grenadiers, Fuſiliers & Tambours, il en ſoit affecté à l'entretien du linge & chauſſure, ſavoir; ſeize deniers pour chaque Sergent, dont quatre deniers de ſupplément; & huit deniers auſſi par jour, dont deux deniers de ſupplément, pour chaque Caporal, Anſpeſſade, Grenadier, Fuſilier & Tambour, tant des troupes d'Infanterie françoiſe & de la Milice, que des troupes légères.

V.

INFANTERIE SUISSE ET GRISONNE.

Suisses & Grisons. Compagnies.

LES compagnies des régimens Suiſſes & Griſons, qui ont été ou ſeront mis à la ſolde de guerre, en vertu des ordonnances particulières que Sa Majeſté en a fait ou en fera expédier, recevront cette ſolde juſqu'à ce qu'Elle en ordonne autrement, ſur le pied de dix-ſept livres huit ſols pour chaque homme par mois, les Officiers compris, & pour chacune des quarante payes de gratification que Sa Majeſté accorde au Capitaine, à tel nombre d'hommes que ſa compagnie paſſe aux revûes des Commiſſaires des guerres, ſur laquelle ſolde il ſera retenu deux ſols pour chacune des rations de pain de munition qui ſeront

Payes de gratification.

Retenue pour le pain.

fournies auxdites compagnies, suivant les revûes des Commissaires des guerres préposés à cet effet.

L'État-major de chacun des régimens Suisses & Grisons, qui sera à la paye de guerre, sera payé à raison de dix-neuf cens soixante livres huit sols par mois, au lieu de mille livres, aussi par mois, qu'il reçoit lorsque les régimens sont à la solde de paix. *État-major.*

A l'égard de ceux desdits régimens, auxquels Sa Majesté n'aura point accordé d'ordre particulier pour être mis à la solde de guerre, ils continueront d'être payés en conformité de ce qui est réglé par l'ordonnance du 1.er avril dernier. *Solde de garnison.*

V I.

INFANTERIE ÉTRANGÉRE.

CEUX des régimens d'Infanterie Allemande d'Alsace, d'Anhalt, la Marck, Royal-Suédois, Royal-Bavière, Lowendal, Bergh, du Prince Louis de Nassau, la Dauphine, Saint-Germain, & Royal-Pologne, celui de Bouillon créé sur le pied étranger, & ceux d'Infanterie Liégeoise de Vierzet & d'Horion, qui ont été ou seront mis à la solde de guerre, en vertu des ordonnances particulières que Sa Majesté en a fait ou fera expédier, recevront cette solde, jusqu'à ce qu'Elle en ordonne autrement, sur le pied de quatorze livres dix sols par mois, par homme, & pour chacune des treize payes de gratification que Sa Majesté accorde à chaque Capitaine, sa compagnie étant complète au nombre de quatre-vingt-cinq hommes, neuf payes à quatre-vingt-trois, sept à quatre-vingt-un, cinq à quatre-vingt, & rien au dessous dudit nombre de quatre-vingts hommes. *ALLEMANDS. Douze régimens.* *Solde de guerre.* *Payes de gratification.*

592

Chaque Capitaine doit entretenir & payer dans sa compagnie, un premier Sergent à treize sols par jour, deux autres Sergens à douze sols chacun, un Fourrier & un Capitaine d'armes à neuf sols chacun, un Fourrier-schutz à huit sols, trois Caporaux, un Charpentier de profession, & deux Tambours à sept sols chacun, six Anspessades & six Grenadiers à six sols chacun, & soixante-un Fusiliers à cinq sols six deniers chacun; sur laquelle solde il sera retenu à chaque compagnie, deux sols par ration de pain de munition qui leur sera fourni pendant la campagne seulement, sans que les Officiers soient obligés d'en prendre.

Retenue pour le pain.

État-major des régimens Allemands.

Les Officiers des compagnies & de l'État-major de chacun desdits régimens d'Infanterie Allemande & Liégeoise, continueront d'être payés de leurs appointemens, en campagne, sur le pied réglé par l'ordonnance du 1.er avril dernier.

Appointemens conservés aux anciens Commandans des bataillons réformés.

Les Commandans des bataillons, qui ont été réformés en 1748 & 1749, & qui ont passé avec leur compagnie dans les bataillons restés sur pied, continueront de jouir, indépendamment de leur traitement de Capitaine, des mêmes appointemens de soixante livres par mois, qu'ils avoient en ladite qualité de Commandant de bataillon, & ce, jusqu'à ce qu'ils soient remplacés.

Colonels & Lieutenans-colonels réformés à la suite des régimens Allemands.

Les Colonels & Lieutenans-colonels réformés à la suite desdits régimens d'Infanterie allemande, seront payés, en servant en campagne & en passant présens aux revûes des Commissaires des guerres, sur le pied par mois, de cent livres à chaque Colonel, de quatre-vingt-trois livres six sols huit deniers à chaque Lieutenant-colonel; à l'exception de ceux desdits Colonels & Lieutenans-colonels auxquels il a été expédié des ordres par lesquels il leur est réglé un traitement particulier, dont ils continueront de jouir en campagne comme pendant l'hiver.

Capitaines réformés à la suite desdits régimens Allemands.

A l'égard des Capitaines réformés qui serviront en campagne à la suite desdits régimens, ils seront payés, à raison de cinquante livres par mois.

RÉGIMENT ROYAL-DEUX-PONTS.

Le régiment Royal-Deux-Ponts, composé de quatre bataillons, au moyen d'un bataillon d'augmentation, levé par ordonnance du 25 février 1758, continuera de jouir de la paye de Guerre jusqu'à ce que Sa Majesté en ordonne autrement, sur le pied de quatorze livres dix sols par mois par homme; & pour chacune des seize payes de gratification que Sa Majesté accorde au Capitaine, sa compagnie étant complète au nombre de cent treize hommes aux revûes des Commissaires ordinaires des guerres, quatorze à cent onze, douze à cent neuf, dix à cent sept, huit à cent cinq, & rien au dessous dudit nombre de cent cinq hommes.

Entend Sa Majesté que chaque Capitaine entretienne & paye dans sa compagnie un premier Sergent à treize sols par jour, deux autres à douze sols chacun, un quatrième à onze sols, un Fourrier & un Capitaine d'armes à neuf sols chacun, un Fourrier-schutz à huit sols, quatre Caporaux, un Charpentier de profession & trois Tambours à sept sols chacun, huit Anspessades & huit Grenadiers à six sols, & quatre-vingt-deux Fusiliers à cinq sols six deniers chacun par jour.

Retenue pour le pain.

Sur laquelle solde il sera retenu à chaque compagnie, deux sols par ration de pain de munition qui leur sera fournie pendant la campagne seulement, sans que les Officiers soient obligés d'en prendre.

Officiers des compagnies & État-major.

Les Officiers des compagnies & de l'État-major dudit régiment, continueront d'être payés de leurs appointemens en campagne, ſur le pied réglé par l'ordonnance du 1.er avril dernier.

Retenue pour la Maſſe des régimens Allemands & Liégeois.

A l'égard de la retenue à titre de Maſſe, elle continuera d'avoir ſon exécution pour tous les régimens d'Infanterie allemande & liégeoiſe, ſuivant ce qui eſt porté par l'ordonnance de ſolde du 1.er avril dernier, tant pour la ſolde de paix que pour la ſolde de guerre.

Royal-Italien & Royal-Corse.

Les régimens Royal-Italien & Royal-Corſe, composés chacun de ſix cens quatre-vingt-cinq hommes, en neuf compagnies, dont une de Grenadiers de quarante-cinq hommes, & huit de Fuſiliers de quatre-vingts hommes, ſeront payés en ſervant en campagne, ſavoir;

Compagnie de Grenadiers.

La compagnie de Grenadiers, ſur le pied par jour, de cinq livres ſeize ſols huit deniers au Capitaine, y compris deux livres ſeize ſols huit deniers de ſupplément; deux livres ſeize ſols huit deniers au Lieutenant, y compris vingt-quatre ſols huit deniers de ſupplément; trente-trois ſols quatre deniers au Lieutenant en ſecond, y compris treize ſols quatre deniers de ſupplément; quinze ſols au premier Sergent, dont deux ſols ſix deniers de ſupplément; onze ſols à chacun des deux autres, dont deux ſols ſix deniers de ſupplément; huit ſols dix deniers à chacun des trois Caporaux, dont deux ſols dix deniers de ſupplément; ſept ſols cinq deniers à chacun des cinq Anſpeſſades, dont deux ſols cinq deniers de ſupplément; ſix ſols à chacun des trente-trois Grenadiers, dont deux ſols de ſupplément; & ſept ſols cinq deniers au Tambour, dont deux ſols cinq deniers de ſupplément.

Payes de gratification.

Le Capitaine recevra de plus huit payes de gratification de huit ſols chacune, dont

dont deux de ſupplément, ſa compagnie étant complète de quarante-cinq hommes, & rien au deſſous dudit nombre.

Les huit compagnies de Fuſiliers de chacun de ces deux régimens, ſeront payées en campagne ſur le pied, ſavoir; *Compagnies de Fuſiliers.*

Chacun des deux Capitaines des deux premières compagnies, ſur le pied par jour, de cinq livres, dont cinquante ſols de ſupplément.

Chacun des Capitaines des deux compagnies qui ſuivent par leur rang, ſur le pied par jour, de quatre livres dix ſols, dont quarante ſols de ſupplément.

Et chacun des Capitaines des quatre dernières compagnies, ſur le pied de quatre livres trois ſols quatre deniers, dont trente-trois ſols quatre deniers de ſupplément.

Quant aux autres Officiers deſdites compagnies de Fuſiliers, ils ſeront payés ſur le pied par jour, de cinquante ſols au Capitaine en ſecond, dont vingt ſols de ſupplément; trente-ſix ſols huit deniers au Lieutenant en premier, dont ſeize ſols huit deniers de ſupplément; vingt-ſix ſols huit deniers au Lieutenant en ſecond, dont onze ſols huit deniers de ſupplément; quatorze ſols au premier Sergent, dont deux ſols de ſupplément; dix ſols à chacun des quatre autres, dont deux ſols de ſupplément; ſept ſols dix deniers à chacun des cinq Caporaux, dont deux ſols de ſupplément; ſix ſols cinq deniers à chacun des ſept Anſpeſſades, dont un ſol onze deniers de ſupplément; cinq ſols ſix deniers à chacun des quinze Appointés, dont un ſol neuf deniers de ſupplément; cinq ſols à chacun des quarante-ſix Fuſiliers, dont un ſol ſix deniers de ſupplément; & ſix ſols cinq deniers à chacun des deux Tambours, dont un ſol onze deniers de ſupplément.

Le Capitaine en pied recevra en outre douze payes

F

de gratification de ſept ſols chacune, dont deux de ſupplément, ſa compagnie étant complète de quatre-vingts hommes, huit à ſoixante-dix-huit, ſix à ſoixante-dix-ſept, quatre à ſoixante-ſeize, deux à ſoixante-quinze, & rien au deſſous dudit nombre de ſoixante-quinze hommes.

États-majors de Royal-Italien & Royal-Corſe.

L'État-major de chacun des régimens Royal-Italien & Royal-Corſe, ſera payé ſur le pied par jour, de vingt-neuf livres trois ſols quatre deniers au Colonel, dont quatorze livres trois ſols quatre deniers de ſupplément; onze livres trois ſols quatre deniers au Lieutenant-colonel, dont cinq livres trois ſols quatre deniers de ſupplément, tant pour leurs appointemens en leurdite qualité qu'en celle de Capitaine, ne devant point avoir de compagnie; neuf livres trois ſols quatre deniers au Major, dont quatre livres trois ſols quatre deniers de ſupplément; cinq livres à l'Interprète, trois livres dix ſols à l'Aide-major, dont trente ſols de ſupplément; trente ſols au Maréchal-des-logis, dont quinze ſols de ſupplément; quarante ſols à l'Aumônier, dont vingt ſols de ſupplément; quinze ſols au Chirurgien, dont ſept ſols ſix deniers de ſupplément; huit ſols au Tambour-major, dont trois ſols de ſupplément; trente-deux ſols au Prevôt, dont douze ſols de ſupplément; quatorze ſols à ſon Lieutenant, dont quatre ſols de ſupplément; huit ſols ſix deniers au Greffier, dont deux ſols trois deniers de ſupplément; & ſix ſols quatre deniers à chacun des cinq Archers & à l'Exécuteur de juſtice, dont deux ſols deux deniers de ſupplément.

Colonel en ſecond de Royal-Corſe.

Le Colonel en ſecond du régiment Royal-Corſe, ſera payé de ſes appointemens, en ſervant en campagne, ſur le pied par jour, de quatre livres quatorze ſols cinq deniers un tiers, dont trois livres quatorze ſols cinq deniers un tiers de ſupplément.

Les deux derniers Capitaines du régiment Royal-Italien, qui, par sa nouvelle composition, se sont trouvés sans compagnie, & sont attachés aux premières compagnies de Fusiliers, où ils tiennent lieu de Capitaine en second, recevront, en servant en campagne, chacun quatre livres trois sols quatre deniers, dont trente-trois sols quatre deniers de supplément.

Capitaines réformés du régiment Royal-Italien, qui ont eu Troupe.

Les Capitaines en second ou réformés, actuellement attachés audit régiment Royal-Italien, qui se trouveront d'excédant au nombre de huit Capitaines en second, ci-dessus employés aux compagnies de Fusiliers, y rempliront la troisième place d'Officier, sous le titre de second Capitaine en second, pour y tenir lieu de Lieutenant & en faire les fonctions, aux mêmes appointemens de cinquante sols par jour, ci-dessus réglés aux Capitaines en second; lesquelles places de seconds Capitaines en second, ne seront remplies, à mesure qu'elles deviendront vacantes, que par des Lieutenans, aux appointemens de trente-six sols huit deniers chacun par jour, pendant qu'ils serviront en campagne.

Capitaines en second ou réformés du régiment Royal-Italien.

Les Commandans des second & troisième bataillons réformés dudit régiment Royal-Italien, qui ont passé avec leur compagnie dans le bataillon resté sur pied, continueront de jouir, indépendamment de leurs appointemens ci-dessus de Capitaine, des quarante sols qu'ils avoient chacun par jour en ladite qualité de Commandant de bataillon, & ce, jusqu'à ce qu'ils soient nommés à un grade dont le traitement ne sera point inférieur.

Commandans des second & troisième bataillons réformés de Royal-Italien.

Les Officiers réformés qui auront ordre de servir à la suite des régimens Royal-Italien & Royal-Corse, seront payés en campagne sur le pied par jour, de trois livres

Officiers réformés de Royal-Italien & Royal-Corse.

à chaque Colonel, cinquante sols à chaque Lieutenant-colonel, trente sols à chaque Capitaine, & quinze sols à chaque Lieutenant.

Retenue pour l'habillement des Soldats de Royal-Italien & Royal-Corse.

Entend Sa Majesté que la retenue qui doit être faite de l'excédant de solde pour tenir lieu de Masse, & servir à l'habillement des Soldats des régimens Royal-Italien & Royal-Corse, reste entre les mains du Major de chaque régiment, pour être délivrée aux Capitaines, ainsi qu'il est réglé par l'ordonnance du 1.er avril dernier.

Régimens Irlandois & Écossois.

Les régimens d'Infanterie irlandoise de Bulkeley, Clare, Dillon, Roothe & Berwick, & ceux d'Infanterie écossoise de Royal-Écossois & d'Ogilvy, composés chacun d'un bataillon de sept cens cinq hommes en treize compagnies, dont une de Grenadiers de quarante-cinq hommes, & douze de Fusiliers de cinquante-cinq hommes chacune, seront payés de leurs appointemens & solde, en servant en campagne, savoir;

Compagnie de Grenadiers.

La compagnie de Grenadiers, sur le pied par jour, de cinq livres seize sols huit deniers au Capitaine, y compris deux livres seize sols huit deniers de supplément; trois livres trois sols quatre deniers au Capitaine en second, dont treize sols quatre deniers de supplément; trois livres au Lieutenant, dont vingt-cinq sols de supplément; trente sols au Lieutenant en second, dont douze sols de supplément; seize sols au premier Sergent; douze sols au second, dont deux sols de supplément; neuf sols six deniers à chacun des trois Caporaux, dont deux sols six deniers de supplément; huit sols six deniers à chacun des trois Anspessades, dont deux sols de supplément; & sept sols six deniers à chacun des trente-six Grenadiers & au Tambour, dont un sol six deniers de supplément. Le Capitaine recevra de plus cinq payes de gratification de neuf sols six deniers chacune, dont deux de supplément, sa compagnie étant complète de quarante-cinq hommes, & rien au dessous dudit nombre.

Compagnies de Fusiliers.

Les douze compagnies de Fusiliers de chacun desdits régimens, seront payées, savoir;

Aux trois Capitaines des trois premières compagnies, sur le pied par jour, de cinq livres, dont cinquante sols de supplément.

Chacun des Capitaines des trois compagnies qui suivent par leur rang, sur le pied par jour, de quatre livres dix sols, dont quarante sols de supplément.

Et chacun des Capitaines des six dernières compagnies, sur le pied par jour, de quatre livres trois sols quatre deniers, dont trente-trois sols quatre deniers de supplément.

Quant aux autres Officiers desdites compagnies, ils seront payés sur le pied par jour, de cinquante sols au Capitaine en second, trente-six sols huit deniers au Lieutenant, dont quatorze sols deux deniers de supplément; vingt-six sols huit deniers au Lieutenant en second, dont huit sols huit deniers de supplément; quinze sols au premièr Sergent, onze sols à chacun des deux autres, dont deux sols de supplément; huit sols six deniers à chacun des quatre Caporaux, dont deux sols de supplément; sept sols six deniers à chacun des quatre Anspessades, dont un sol six deniers de supplément; & six sols six deniers à chacun des quarante-trois Fusiliers & au Tambour, dont un sol de supplément. Le Capitaine recevra de plus sept payes de gratification de huit sols six deniers chacune, dont deux de supplément, sa compagnie étant complète de cinquante-cinq hommes; quatre à cinquante-quatre, trois à cinquante-trois, une à cinquante-deux, & rien au dessous dudit nombre de cinquante-deux hommes.

Enseignes.

Chacun des deux Enseignes, pour porter les drapeaux qu'il y a dans chaque régiment d'Infanterie irlandoise & écossoise, recevra vingt-neuf sols quatre deniers par jour, dont onze sols quatre deniers de supplément.

États-majors des régimens de Bulkeley, Clare, Dillon, Roothe, Berwick, Royal-Écossois & Ogilvy.

L'État-major de chacun desdits régimens de Bulkeley, Clare, Dillon, Roothe, Berwick, Royal-Ecossois & Ogilvy, sera payé sur le pied par jour, de dix-sept livres dix sols au Colonel, tant pour ses appointemens en ladite qualité, que pour lui tenir lieu de ceux de Capitaine, ne devant point avoir de compagnie, dans lesquels appointemens est compris un supplément de huit livres six sols huit deniers pour ceux des régimens de Bulkeley, Clare, Dillon, Royal-Écossois & Ogilvy, & de onze livres cinq sols pour ceux des régimens de Roothe & Berwick ; onze livres un sol un denier un tiers au Lieutenant-colonel de chacun desdits régimens, aussi sans compagnie, dont cinq livres deux sols deux deniers deux tiers de supplément ; sept livres dix sols au Major, dont quatre livres trois sols quatre deniers de supplément; cinquante-six sols huit deniers à l'Aide-major, y compris vingt-six sols huit deniers de supplément; quarante sols à l'Aumônier, dont vingt sols de supplément; trente sols au Chirurgien, dont quinze sols de supplément; pareils trente sols au Maréchal-des-logis, dont quinze sols de supplément pour ceux des régimens de Bulkeley, Clare, Dillon, Royal-Écossois & Ogilvy; & dix-sept sols six deniers pour ceux de Roothe & de Berwick; cinq livres à l'Interprète de chacun desdits régimens, & pareilles cinq livres au second Interprète attaché au régiment Royal-Écossois par l'article III de l'ordonnance du

20 décembre 1748, concernant l'incorporation du régiment d'Albanie.

Prevôté des régimens de Roothe & Berwick.

La Prevôté qui est en chacun desdits régimens de Roothe & de Berwick, sera payée sur le pied par jour, de dix-huit sols huit deniers au Prevôt, dont cinq sols quatre deniers de supplément; sept sols quatre deniers à son Lieutenant, dont huit deniers de supplément; quatre sols quatre deniers au Greffier, dont deux deniers de supplément; & trois sols à chacun des cinq Archers & à l'Exécuteur de Justice, dont six deniers de supplément.

Les Colonels & Lieutenans-colonels desdits sept régimens Irlandois & Écossois, continueront de jouir chacun de la pension attachée à leur charge; au moyen de quoi, le Colonel de chaque régiment ne pourra rien retenir sur la solde & masse des Sergens, Caporaux, Anspessades, Grenadiers, Soldats & Tambours qui doivent recevoir leur paye entière, à la déduction seulement de ce qui sera mis à la Masse pour leur habillement.

Cadets.

Sa Majesté ayant bien voulu permettre qu'il soit entretenu douze Cadets dans chacun desdits régimens Irlandois & Écossois, qui tiendront lieu de pareil nombre de Soldats, son intention est que lesdits Cadets continuent de recevoir pendant la campagne, le supplément de paye de quatre sols six deniers par jour, qui leur est réglé par l'ordonnance du 1.er avril dernier, en passant présens aux revûes des Commissaires des guerres.

Officiers réformés à la suite des régimens Irlandois & Écossois.

Les Officiers réformés qui auront ordre de servir en campagne à la suite desdits régimens Irlandois & Écossois, y seront payés de leurs appointemens, en passant présens aux revûes des Commissaires des guerres, sur le pied par jour, de trois livres à chaque Colonel, cinquante sols à chaque Lieutenant-colonel, quarante ſols à chaque Capitaine, & dix-huit ſols à chaque Lieutenant, indépendamment de ceux deſdits Officiers réformés, qui ſe trouveront encore employés à la ſuite des régimens Royal-Écoſſois & d'Ogilvy, provenant de l'incorporation qui y a été faite de celui d'Albanie, leſquels ſeront payés en campagne, en paſſant préſens aux revûes des Commiſſaires des guerres, ſur le pied de cent vingt-cinq livres par mois au Lieutenant-colonel, cent vingt livres au Capitaine de Grenadiers, quatre-vingt-dix livres à chaque Capitaine & au Major, ſoixante-ſept livres dix ſols à chaque Capitaine en ſecond, quatre-vingt-cinq livres au Lieutenant de Grenadiers, quarante-ſept livres dix ſols à chaque Lieutenant, y compris l'Aide-major, & de quarante livres à chaque Lieutenant en ſecond réformé. A l'égard des Colonels & Lieutenans-colonels auxquels il auroit été réglé des appointemens différens de ceux ci-deſſus fixés, ils continueront d'en jouir en conſéquence des ordres particuliers qui leur ont été expédiés, à la déduction ſeulement de vingt-cinq livres par mois, lorſqu'ils ſerviront en campagne.

VII.

GENDARMERIE.

Gardes-du-Corps du Roi. Les quatre compagnies des Gardes-du-corps de Sa Majeſté (à l'exception des détachemens qui reſtent de ſervice ſur le Guet), continueront d'être payées en conſéquence de ce qui eſt preſcrit par l'ordonnance du premier avril 1759, attendu qu'elles ne ſervent point en campagne.

Grenadiers à Cheval. La compagnie de Grenadiers à cheval de Sa Majeſté, continuera

continuera d'être payée en conséquence de ce qui est prescrit par l'ordonnance du premier avril 1759, attendu qu'elle ne sert point en campagne.

GENDARMES & CHEVAUX-LÉGERS de la GARDE du ROI.

La Cornette de chacune des compagnies de Gendarmes & de Chevaux-légers de la garde de Sa Majesté, outre le pain & le fourrage qui lui seront fournis, en servant en campagne, sera payée sur le pied par jour, de quinze sols à chaque Brigadier, Sous-brigadier, Gendarme, Chevau-léger, Trompette & Timbalier, vingt sols à l'Aumônier, & dix sols à chacun des Petits-Officiers de chaque compagnie, servant à ladite Cornette. Les Officiers desdites compagnies continueront à être payés avec le Guet, de leurs appointemens ordinaires.

MOUSQUETAIRES de la GARDE du ROI.

Les détachemens des deux compagnies de Mousquetaires de la garde de Sa Majesté, outre le pain & le fourrage qui leur seront fournis en servant en campagne, seront payés sur le pied par jour, de vingt-trois sols à chaque Brigadier, dix-neuf sols à chaque Sous-brigadier, quinze sols à chaque Mousquetaire, vingt sols à l'Aumônier, douze sols à chaque Tambour, Chirurgien, Apothicaire, Fourrier, Sellier, & Maréchal-ferrant, & cinquante sols à chaque Joueur de hautbois, Sa Majesté faisant payer d'ailleurs les Officiers de ces compagnies qui commandent lesdits détachemens.

GENDARMERIE. Grands-Officiers des compagnies de Gendarmes.

Les Grands-officiers des dix compagnies de Gendarmes de la Gendarmerie, continueront à être payés suivant les états que Sa Majesté fera expédier; & les Maréchaux-des-logis, Brigadiers, Sous-brigadiers, Porte-étendards, Gendarmes & Trompettes, seront payés, en servant en campagne, sur le même pied de ceux des compagnies de Chevaux-légers, ainsi qu'il est ci-après expliqué.

Compagnies de Gendarmes.

Compagnies de Chevaux-légers. Chacune des six compagnies de Chevaux-légers de ladite Gendarmerie, composée d'un Capitaine-lieutenant, un Sous-lieutenant, deux Cornettes, quatre Maréchaux-des-logis, deux Brigadiers, deux Sous-brigadiers, un Porte-étendard, soixante-dix Chevaux-légers, & deux Trompettes, outre le pain & le fourrage qui leur seront fournis en servant en campagne, sera payée sur le pied par jour, de huit livres au Capitaine-lieutenant, dont cinq livres quinze sols de supplément; cinquante sols au Sous-lieutenant, dont trente-deux sols de supplément; trente-cinq sols à chaque Cornette, dont vingt-un sols six deniers de supplément; quarante-cinq sols à chaque Maréchal-des-logis, dont trente-six sols de supplément; vingt-quatre sols six deniers à chaque Brigadier & Sous-brigadier, dont dix-huit sols six deniers de supplément; seize sols quatre deniers au Porte-étendard, dont onze sols quatre deniers de supplément; treize sols à chaque Chevau-léger, dont neuf sols de supplément; & vingt sols à chaque Trompette, dont quatorze sols six deniers de supplément.

Timbaliers & Aumôniers. Il sera aussi payé par jour, vingt sols à chacun des huit Timbaliers entretenus dans les huit premières compagnies, dont quatorze sols six deniers de supplément, & trente sols à chacun des deux Aumôniers qui sont avec lesdites compagnies de Gendarmes & de Chevaux-légers.

État-major de la Gendarmerie. Les Officiers de l'État-major de ladite Gendarmerie, étant payés de leurs appointemens à l'ordinaire des guerres, il n'en sera point fait ici mention.

Supplément de paye aux Gendarmes & Chevaux-légers, Le supplément de paye que Sa Majesté a accordé sur le pied par jour, de deux sols deux deniers, pour tenir lieu de Masse à chaque Gendarme & Chevau-léger feulement, des feize compagnies de la Gendarmerie, continuera de leur être payé pendant la campagne, indépendamment de la folde qui leur eft ci-deffus réglée.

pour tenir lieu de Maffe.

VIII.

CAVALERIE, CARABINIERS, HUSSARDS & DRAGONS.

CAVALERIE FRANÇOISE. Compagnies.

CHAQUE compagnie des régimens de Cavalerie françoife, fervant en campagne, compofée de quarante Maîtres, fera payée fur le pied par jour, de quatre livres au Capitaine, dont trois livres deux fols de fupplément; quarante fols au Lieutenant, dont vingt-huit fols de fupplément; vingt-fept fols fix deniers au Cornette, dont dix-huit fols fix deniers de fupplément; vingt-un fols huit deniers au Maréchal-des-logis, dont quinze fols huit deniers de fupplément; dix fols au Fourrier, fix fols à chacun des deux Brigadiers, dont deux fols fix deniers de fupplément; & cinq fols à chacun des trente-fept Cavaliers, y compris le Trompette & le Timbalier où il doit y en avoir, dont deux fols de fupplément.

Sous-lieutenant & Cornettes en charge dans les régimens Colonel général, Meftre-de-camp général & Commiffaire général de la Cavalerie.

Le Sous-lieutenant qui eft dans la compagnie colonelle du Colonel général de la Cavalerie, le Cornette blanc qui eft dans ladite compagnie, & le Cornette qui eft en chacune des compagnies Meftre-de-camp des régimens du Meftre-de-camp général & du Commiffaire général de la Cavalerie, recevront leurs appointemens fur le pied par jour, de quarante fols au Sous-lieutenant, dont vingt-huit fols de fupplément; & de vingt-fept fols fix deniers au Cornette blanc & à chacun des deux autres, dont dix-huit fols fix deniers de fupplément.

État-major des trois premiers

Sa Majefté ayant confervé, par fes ordonnances des

régimens de la Cavalerie. premier ſeptembre & 30 octobre 1748, les compagnies aux Meſtres-de-camp des régimens du Colonel général, du Meſtre-de-camp général & du Commiſſaire général de la Cavalerie, l'État-major de chacun deſdits trois régimens, ſera payé ſur le pied par jour, ſavoir; de quarante-quatre ſols cinq deniers au Meſtre-de-camp, outre ſes appointemens de Capitaine, dont vingt-ſix ſols cinq deniers de ſupplément; dix livres ſix ſols huit deniers au Lieutenant-colonel, tant pour ſes appointemens en ladite qualité, que pour lui tenir lieu de ceux de Capitaine, ne devant point avoir de compagnie, dont ſept livres dix ſols de ſupplément; cinq livres au Major, dont quatre livres deux ſols de ſupplément; cinquante ſols à l'Aide-major, dont trente-huit ſols de ſupplément; trente ſols à l'Aumônier, dont vingt-un ſols de ſupplément; & treize ſols ſix deniers au Chirurgien, dont quatre ſols ſix deniers de ſupplément.

État-major des cinquante-deux autres régimens de Cavalerie françoiſe.

L'État-major de chacun des cinquante-deux autres régimens de Cavalerie françoiſe, ſera payé à raiſon par jour, de cinq livres treize ſols quatre deniers au Meſtre-de-camp, dont trente-trois ſols quatre deniers de ſupplément; & dix livres ſix ſols huit deniers au Lieutenant-colonel, dont ſept livres dix ſols de ſupplément, tant pour leurs appointemens en leurdite qualité, que pour leur tenir lieu de ceux de Capitaine, ne devant point avoir de compagnie; cinq livres au Major, dont quatre livres deux ſols de ſupplément; cinquante ſols à l'Aide-major, dont trente-huit ſols de ſupplément; trente ſols à l'Aumônier, dont vingt-un ſols de ſupplément; & treize ſols ſix deniers au Chirurgien, dont quatre ſols ſix deniers de ſupplément.

Capitaines

Les Capitaines réformés de Cavalerie françoiſe, qui

ont été entretenus à la suite des régimens, en conséquence des ordonnances des 1.er septembre, 30 octobre 1748 & 15 mars 1749, lesquels sont obligés de servir à leur corps toute l'année, au lieu de quatre mois auxquels ils étoient ci-devant assujétis, seront payés de leurs appointemens en campagne, sur le pied de cinquante sols par jour, dont vingt sols de supplément, en passant présens aux revûes des Commissaires des guerres.

reformés de Cavalerie françoise, dernière reforme.

Les Capitaines réformés qui étoient entretenus à la suite des régimens de Cavalerie françoise avant les ordonnances de réforme de 1748 & 1749, & qui se trouveront encore y exister, seront payés de leurs appointemens en campagne, sur le pied de cinquante sols par jour, dont trente-cinq sols de supplément, en passant présens aux revûes des Commissaires des guerres.

Capitaines reformés de Cavalerie françoise, ancienne réforme.

RÉGIMENT des CARABINIERS de M. le Comte de PROVENCE.

CHACUNE des quarante compagnies qui composent les cinq brigades du régiment des Carabiniers de M. le Comte de Provence, de trente-cinq Maîtres chacune, sera payée sur le pied par jour, de cinq livres au Capitaine, dont trois livres dix-huit sols de supplément; cinquante sols au Lieutenant, dont trente-cinq sols de supplément; trente-cinq sols au Cornette, dont vingt-trois sols de supplément; vingt-cinq sols au Maréchal-des-logis, dont dix-sept sols de supplément; onze sols six deniers au Fourrier; sept sols à chacun des deux Brigadiers, dont deux sols six deniers de supplément, & six sols à chacun des trente-deux Carabiniers, compris le Trompette & le Timbalier qui est en chacune des cinq compagnies Mestre-de-camp, dont deux sols de supplément.

État-major.

L'État-major dudit régiment, sera payé sur le pied par mois, de seize cens trente-six livres treize sols quatre deniers au Meſtre-de-camp-lieutenant, deſquels appointemens il ſera payé juſqu'au jour qu'il ſera pourvû de la compagnie qu'il doit avoir, en conſéquence de l'ordonnance du 27 avril dernier, portant nouveau règlement pour ledit régiment; & à compter du jour qu'il en ſera pourvû, il recevra ſeulement, indépendamment de ſes appointemens de Capitaine, quatorze cens quatre-vingt-ſix livres treize ſols quatre deniers par mois, dont huit cens vingt livres en ladite qualité de Meſtre-de-camp-lieutenant, & ſix cens ſoixante-ſix livres treize ſols quatre deniers en celle d'Inſpecteur dudit Corps; quatre cens ſoixante-dix livres au Major, & deux cens trente-cinq livres à l'Aide-major, établi par ladite ordonnance du 27 avril dernier.

A l'égard de l'État-major de chacune des cinq brigades, il ſera payé ſur le pied par mois, de ſoixante-dix-ſept livres quinze ſols au Meſtre-de-camp, cinquante-huit livres cinq ſols au Lieutenant-colonel, outre leurs appointemens de Capitaine; cent trente-cinq livres à l'Aide-major, ſoixante-quinze livres au Sous-aide-major, quarante-cinq livres à l'Aumônier, dont trente livres de ſupplément; & vingt-quatre livres cinq ſols au Chirurgien, dont neuf livres cinq ſols de ſupplément.

Appointemens conſervés aux Majors des brigades.

Sa Majeſté ayant ſupprimé par ſon ordonnance particulière du 13 mai 1758, la majorité particulière de chaque brigade, & ordonné que les Officiers qui en étoient pourvûs paſſeroient à des compagnies; ſon intention eſt qu'ils jouiſſent, juſqu'à leur remplacement, de ſix livres d'appointemens par jour en campagne.

RÉGIMENT de CAVALERIE

CHACUNE des huit compagnies du régiment de Cavalerie irlandoiſe de Filtzjames, compoſée de quarante Maîtres, ſera payée à raiſon par jour, de quatre livres au Capitaine, dont trente ſols de ſupplément ; quarante ſols au Lieutenant, dont quinze ſols de ſupplément; vingt-ſept ſols ſix deniers au Cornette, dont huit ſols neuf deniers de ſupplément; vingt-un ſols huit deniers au Maréchal-des-logis, dont huit ſols quatre deniers de ſupplément; dix ſols au Fourrier; huit ſols à chacun des deux Brigadiers, dont deux ſols de ſupplément; & ſept ſols à chacun des trente-ſept Cavaliers, y compris le Trompette & le Timbalier où il doit y en avoir, dont un ſol ſix deniers de ſupplément.

IRLANDOISE de FILTZJAMES. Compagnies.

L'État-major dudit régiment, ſera payé ſur le pied par jour, de cinq livres treize ſols quatre deniers au Meſtre-de-camp, dont trente-trois ſols quatre deniers de ſupplément; dix livres ſix ſols huit deniers au Lieutenant-colonel, dont ſept livres dix ſols de ſupplément, tant pour leurs appointemens en leurdite qualité, que pour leur tenir lieu de ceux de Capitaine, ne devant point avoir de compagnie; cinq livres au Major, dont quarante ſols de ſupplément; cinquante ſols à l'Aide-major, dont vingt ſols de ſupplément; trente ſols à l'Aumônier, dont quinze ſols de ſupplément; & treize ſols ſix deniers au Chirurgien, dont ſix ſols ſix deniers de ſupplément.

État-major.

Les Officiers réformés avec appointemens, tant des anciennes que des dernières réformes, qui ſont à la ſuite dudit régiment, où ils doivent ſervir toute l'année, ſeront payés en campagne ſur le pied par jour, de cinq livres deux ſols trois deniers à chaque Meſtre-de-camp, dont quarante-un ſols trois deniers de ſupplément; trois livres trois ſols quatre deniers à chaque Lieutenant-colonel, dont cinq ſols de ſupplément; & trois livres à chaque Capitaine, dont vingt ſols de ſupplément.

Officiers réformés de Filtzjames.

ROYAL-ALLEMAND. Compagnies. CHACUNE des huit compagnies du régiment Royal-Allemand, composée de quarante Maîtres, sera payée sur le pied par jour, de cinq livres au Capitaine, dont quarante sols de supplément; cinquante sols au Lieutenant, dont vingt sols de supplément; trente-cinq sols au Cornette, dont douze sols six deniers de supplément; vingt-cinq sols au Maréchal-des-logis, dont dix sols de supplément; dix sols au Fourrier, sept sols à chacun des deux Brigadiers, dont deux sols six deniers de supplément; & cinq sols à chacun des trente-sept Cavaliers, y compris les Cadets, Trompettes & Timbalier où il doit y en avoir, dont un sol six deniers de supplément.

Cadets. Il sera en outre payé un sol par jour à chaque Cadet qui passera en revûe dans le nombre desdits Cavaliers, sur le certificat du Commandant du régiment.

État-major. L'État-major du régiment, sera payé à raison par jour, de six livres treize sols quatre deniers au Mestre-de-camp, dont trois livres six sols huit deniers de supplément; cinq livres à chacun des deux Lieutenans-colonels, dont cinquante sols de supplément, indépendamment de leurs appointemens de Capitaine; sept livres six sols huit deniers à chacun des deux Majors, dont trois livres trois sols quatre deniers de supplément; cinquante sols à chacun des deux Aides-majors, dont vingt-trois sols quatre deniers de supplément; seize sols huit deniers au Maréchal-des-logis, dont trois sols quatre deniers de supplément; vingt-trois sols quatre deniers au Prevôt, dont six sols huit deniers de supplément; vingt-un sols huit deniers à son Lieutenant, dont huit sols quatre deniers de supplément; quinze sols au Greffier, dont cinq sols de supplément; vingt-six sols huit deniers à chacun des Aumônier & Chirurgien,

Chirurgien, dont huit sols quatre deniers de supplément; & dix sols à chacun des quatre Archers & à l'Exécuteur de Justice, dont deux sols six deniers de supplément.

RÉGIMENS de WIRTEMBERG & de NASSAU-SAARBRUCK.

LES huit compagnies de chacun des régimens de Cavalerie allemande de Wirtemberg & de Nassau-Saarbruck, composées de quarante Maîtres chacune, seront payées sur le pied par jour, pour chaque compagnie, de cinq livres au Capitaine, dont quarante sols de supplément; cinquante sols au Lieutenant, dont vingt sols de supplément; trente-cinq sols au Cornette, dont douze sols six deniers de supplément; vingt-un sols huit deniers au Maréchal-des-logis, dont huit sols quatre deniers de supplément; dix sols au Fourrier; six sols à chacun des deux Brigadiers, dont deux sols de supplément; & cinq sols à chacun des trente-sept Cavaliers, y compris le Trompette & le Timbalier où il doit y en avoir, dont un sol six deniers de supplément.

État-major du régiment de Wirtemberg.

L'État-major du régiment de Wirtemberg, sera payé sur le pied par jour, savoir; de trois livres six sols huit deniers au Mestre-de-camp, quarante sols au Lieutenant-colonel, indépendamment de leurs appointemens de Capitaine; sept livres dix sols au Major, dont quarante sols de supplément; cinquante sols à l'Aide-major, treize sols quatre deniers à chacun des Aumônier, Chirurgien & Auditeur, & sept sols six deniers à chacun des Greffier, trois Archers & un Exécuteur de Justice.

Le Comte de Rosen, Mestre-de-camp en second du régiment de Wirtemberg, & qui le commande en l'absence du Prince de Wirtemberg, sera payé de ses appointemens, en campagne, sur le pied de cinq livres treize sols quatre deniers par jour, ne devant point avoir de compagnie.

État-major du régiment de Nassau-Saarbruck.

L'État-major du régiment de Nassau-Saarbruck, sera payé à raison par jour, de trois livres six sols huit deniers au Mestre-de-camp, dont trente-trois sols quatre deniers de supplément; quarante sols au Lieutenant-colonel, dont vingt sols de supplément, indépendamment de leurs appointemens de Capitaine; sept livres dix sols au Major, dont quatre livres trois sols quatre deniers de supplément; cinquante sols à l'Aide-major, dont vingt-trois sols quatre deniers de supplément; & treize sols quatre deniers à chacun des Aumônier & Chirurgien, dont quatre sols quatre deniers de supplément.

Officiers réformés à la suite des régimens Royal-Allemand, de Wirtemberg & de Nassau-Saarbruck.

Les Officiers réformés avec appointemens, tant des anciennes que des dernières réformes, entretenus à la suite desdits trois régimens de Cavalerie allemande où ils doivent servir toute l'année, seront payés en campagne sur le pied par jour, de quatre livres à chaque Mestre-de-camp, dont vingt sols de supplément; trois livres trois sols quatre deniers à chaque Lieutenant-colonel, dont trois sols quatre deniers de supplément; quarante-six sols huit deniers à chacun des Capitaines qui ont eu troupe, & qui proviennent de la dernière réforme, dont seize sols huit deniers de supplément; & quarante sols à chacun des autres, dont dix sols de supplément.

RÉGIMENT de CAVALERIE LIÉGEOISE de RAUGRAVE.

CHACUNE des huit compagnies du régiment de Cavalerie liégeoise de Raugrave, de quarante Maîtres chacune, sera payée en campagne, sur le pied par jour, de cinq livres au Capitaine, cinquante sols au Lieutenant, trente-cinq sols au Cornette, vingt-un sols huit deniers au Maréchal-des-logis, dix sols au Fourrier, sept sols à chaque Brigadier, & cinq sols à chaque Cavalier & au Trompette ou Timbalier où il doit y en avoir.

L'État-major dudit régiment, sera payé sur le pied par jour, de douze livres six sols huit deniers au Mestre-de-camp, neuf livres au Lieutenant-colonel, tant pour leurs appointemens en ladite qualité, que pour leur tenir lieu de ceux de Capitaine, ne devant point avoir de compagnie; sept livres dix sols au Major, cinquante sols à l'Aide-major, trente sols à l'Aumônier, & treize sols quatre deniers au Chirurgien. *État-major.*

Les Capitaines réformés, qui étoient entretenus à la suite dudit régiment avant les augmentations ordonnées les 20 novembre 1756 & premier février 1758, & qui pourroient s'y trouver encore, n'ayant point été remplacés, seront payés en campagne, sur le pied de quarante sols chacun par jour. *Capitaines réformés à la suite du régiment de Raugrave.*

RÉGIMENT de CAVALERIE LÉGÈRE de CORSE.

LE régiment de Cavalerie légère de Corse, créé par ordonnance du 29 avril 1757, & composé de cent cinquante Maîtres en six compagnies de vingt-cinq Maîtres chacune, sera payé, lorsqu'il servira en campagne, savoir;

Chaque compagnie, sur le pied par jour, de quatre livres au Capitaine, trente sols au Lieutenant, quinze sols au Maréchal-des-logis, dix sols au Fourrier, six sols à chacun des deux Brigadiers, & cinq sols à chacun des vingt-deux Cavaliers, y compris le Trompette & le Timbalier où il doit y en avoir. *Compagnies.*

L'État-major dudit régiment, sera payé sur le pied par jour, de neuf livres au Mestre-de-camp, sept livres au Lieutenant-colonel, lesquels n'auront point de compagnie; cinq livres au Major, cinquante-six sols huit deniers à l'Aide-major, vingt sols à chacun des Aumônier & Chirurgien, & vingt-six sols huit deniers au Porte-bannière. *État-major.*

HUSSARDS.

CHACUN des deux régimens Hussards de Berchiny &

Turpin, composés de neuf cens hommes, au moyen de l'incorporation qui y a été faite de celui de Polleresky, en conséquence de l'ordonnance du 5 mai 1758, formant six escadrons en douze compagnies de soixante-quinze hommes chacune, seront payés, savoir :

Compagnies. Chacune des douze compagnies par régiment, sur le pied par jour, de cinq livres au Capitaine, dont quarante sols de supplément ; cinquante sols au premier Lieutenant, dont vingt sols de supplément ; quarante sols au second Lieutenant, dont quinze sols de supplément ; trente-cinq sols au Cornette, dont douze sols six deniers de supplément ; vingt-un sols huit deniers à chacun des deux Maréchaux-des-logis, dont huit sols quatre deniers de supplément ; dix sols au Fourrier, dont quatre sols de supplément ; sept sols à chacun des six Brigadiers, dont deux sols six deniers de supplément ; & cinq sols à chacun des soixante-huit Hussards, y compris le Trompette & le Timbalier, où il doit y en avoir, dont un sol six deniers de supplément.

État-major. L'État-major de chacun desdits régimens de Berchiny & Turpin, sera payé sur le pied par jour, de douze livres six sols huit deniers au Mestre-de-camp, dont cinq livres treize sols quatre deniers de supplément ; neuf livres au Lieutenant-colonel, dont quatre livres de supplément, tant pour leurs appointemens en leurdite qualité, que pour leur tenir lieu de ceux de Capitaine, ne devant être attachés à aucune compagnie ; sept livres six sols huit deniers au Lieutenant-colonel en second, aussi sans compagnie, provenant de l'incorporation des régimens Hussards qui ont été supprimés, dont cinq livres treize sols quatre deniers de supplément ; sept livres dix sols au Major, dont trois livres cinq sols de supplément ; cinquante sols à chacun des deux Aides-majors, dont vingt sols de supplément; trente sols à l'Aumônier, dont vingt-un sols de supplément; & treize sols quatre deniers au Chirurgien, dont quatre sols quatre deniers de supplément.

Capitaines en pied & Majors réformés à l'incorporation des régimens Hussards qui ont été supprimés.

Les quatre Capitaines en pied & les trois Majors qui ont été réformés à l'incorporation des régimens de Lynden, Beausobre & Ferrary, & qui sont actuellement entretenus en qualité de Capitaines réformés à la suite des deux régimens Hussards qui sont sur pied, jusqu'à leur remplacement à des compagnies vacantes, recevront en servant en campagne, chacun quatre livres par jour, en passant présens aux revûes des Commissaires des guerres.

Capitaines réformés aux régimens de Hussards, autres que ceux ci-dessus.

Les Capitaines réformés qui étoient à la suite des régimens de Hussards de Lynden, Beausobre & Ferrary, avant l'incorporation, & qui ont été distribués dans Berchiny & Turpin, & ceux du même grade qui se sont trouvés attachés à ces deux derniers régimens, lors de ladite incorporation, seront payés en campagne, à raison chacun de quarante sols par jour, en passant présens aux revûes.

Officiers réformés dudit régiment.

A l'égard des Officiers réformés qui étoient à la suite dudit régiment de Polleresky, & qui ont passé à la suite des régimens de Berchiny & de Turpin, ils recevront le même traitement que ceux attachés à ces deux régimens.

Officiers prisonniers de guerre des régimens d'Hussards.

L'intention de Sa Majesté est que les Lieutenans, Lieutenans en second ou Cornettes des régimens Hussards de Berchiny & de Turpin, qui sont ou pourront être prisonniers de guerre, soient remplacés par d'autres Officiers qui seront nommés à leurs charges en attendant leur échange, après lequel ils reprendront leurs emplois, & que les Lieutenans, Lieutenans en second ou Cornettes qui remplaceront les prisonniers de guerre soient payés des mêmes appointemens dont jouiſſent les Officiers en pied; & qu'après le retour des Officiers priſonniers de guerre, ils continuent de ſervir à la ſuite deſdits régimens juſqu'à ce qu'ils aient été remplacés aux premiers emplois vacans, voulant Sa Majeſté qu'il ne ſoit nommé aucun Officier nouveau que ceux-ci n'aient été remplacés.

RÉGIMENT ROYAL-NASSAU de CAVALERIE LÉGÈRE ALLEMANDE.

LE régiment Royal-Naſſau, de Cavalerie légère Allemande, porté par ordonnance du 14 juin 1758, à quatre eſcadrons, de cent cinquante hommes chacun, en ſept compagnies, dont la première de cent cinquante hommes, & les ſix autres de ſoixante-quinze, ſera payé en campagne, ſavoir;

Compagnies.

La première compagnie, qui ſera commandée par le Meſtre de-camp-lieutenant, ſur le pied par jour, de cinq livres au Capitaine, de pareilles cinq livres au Capitaine en ſecond, cinquante ſols à chacun des deux Lieutenans en premier, quarante ſols à chacun des deux Lieutenans en ſecond, trente-cinq ſols à chacun des deux Cornettes, vingt-un ſols huit deniers à chacun des quatre Maréchaux-des-logis, dix ſols à chacun des deux Fourriers, ſept ſols à chacun des douze Brigadiers, & cinq ſols à chacun des cent trente-quatre Cavaliers, un Trompette & un Timbalier.

Chacune des ſix autres compagnies de ſoixante-quinze hommes, ſur le pied par jour, de cinq livres au Capitaine, cinquante ſols au Lieutenant en premier, quarante ſols au Lieutenant en ſecond, trente-cinq ſols au Cornette, vingt-un ſols huit deniers à chacun des deux Maréchaux-des-logis, dix ſols au Fourrier, ſept ſols à chacun des ſix Brigadiers, & cinq ſols à chacun des ſoixante-ſept Cavaliers & au Trompette.

État-major.

L'État-major dudit régiment, ſera payé ſur le pied

par jour, de trois livres six sols huit deniers au Mestre-de-camp-lieutenant, indépendamment de ses appointemens de Capitaine de la première compagnie; neuf livres au Lieutenant-colonel, tant pour ses appointemens en cette qualité, que pour lui tenir lieu de ceux de Capitaine, ne devant point avoir de compagnie; sept livres dix sols au Major, cinquante sols à l'Aide-major, trente sols à l'Aumônier, treize sols quatre deniers au Chirurgien, & dix sols au Prevôt.

Dragons.

CHACUN des seize régimens de Dragons, mis par ordonnance du 18 août 1755, à quatre escadrons de cent soixante hommes chacun, en quatre compagnies de quarante Dragons montés, faisant en total six cens quarante hommes par régiment, sera payé, savoir;

Compagnies.

Chacune des seize compagnies par régiment, composée de quarante hommes, sur le pied par jour, de trois livres dix sols au Capitaine, dont cinquante-cinq sols de supplément; trente sols au Lieutenant, dont vingt sols de supplément; vingt sols au Cornette, dont quatorze sols de supplément; quinze sols au Maréchal-des-logis, dont dix sols de supplément; huit sols six deniers au Fourrier, cinq sols six deniers à chacun des deux Brigadiers, dont deux sols six deniers de supplément; & quatre sols six deniers à chaque Dragon & au Tambour, dont deux sols de supplément.

Sous-lieutenant & Cornette en charge dans les deux premiers régimens de Dragons.

Le Sous-lieutenant & le Cornette, entretenus dans la compagnie Générale du régiment du Colonel général des Dragons, & le Cornette aussi entretenu dans la compagnie Mestre-de-camp du régiment Mestre-de-camp général, seront payés, à raison par jour, de vingt-trois sols quatre deniers au Sous-lieutenant, dont quinze sols quatre deniers de supplément; & de vingt sols à chaque Cornette, dont quatorze sols de supplément.

État-major. L'État-major de chaque régiment de Dragons, sera payé sur le pied par jour, de neuf livres au Mestre-de-camp, dont sept livres six sols huit deniers de supplément; sept livres six sols huit deniers au Lieutenant-colonel, dont deux livres quinze sols de supplément, tant pour leurs appointemens en leurdite qualité que pour leur tenir lieu de ceux de Capitaine, ne devant point avoir de compagnie; quatre livres au Major, dont trois livres cinq sols de supplément; cinquante sols à chacun des premier & second Aide-major, dont quarante sols de supplément; & trente sols à l'Aumônier, dont vingt-un sols de supplément.

Mestre-de-camp en second du régiment de Dragons d'Orléans. Le S.r marquis de Pons, Mestre-de-camp-lieutenant en second du régiment de Dragons d'Orléans, sera payé de ses appointemens en ladite qualité en campagne, sur le pied de cent trente-six livres treize sols quatre deniers par mois, en passant présent aux revûes des Commissaires des guerres.

Colonel-général & Mestre-de-camp général, qui conservent leur compagnie. Le Colonel-général & le Mestre-de-camp général des Dragons, auxquels Sa Majesté a conservé leur compagnie, continueront de recevoir en campagne, indépendamment de leurs appointemens de Capitaine, les dix livres par jour qui leur sont attribuées en qualité de Mestre-de-camp, par l'ordonnance de Solde d'hiver.

Anciens Commandans des compagnies à pied de Dragons. Le Capitaine qui commandoit les quatre compagnies à pied de chaque régiment de Dragons, & qui a passé à une compagnie, continuera de recevoir, indépendamment de ses appointemens de Capitaine, deux livres trois sols quatre deniers par jour, à titre de supplément d'appointemens, jusqu'à ce qu'il passe à un autre grade dont le traitement ne sera point inférieur; & celui qui lui succédera

ſuccédera à ſa compagnie, ne recevra que les appointemens ordinaires de Capitaine.

Le S.r Lemaire, qui a eu pendant la dernière guerre une commiſſion de Capitaine pour commander la compagnie de Caſtellanne, dans le régiment de Dragons d'Orléans, pendant l'abſence du Capitaine titulaire, ſera payé de ſes appointemens en campagne, ſur le pied de quarante ſols par jour, en paſſant préſent aux revûes des Commiſſaires des guerres.

Officiers réformés à la ſuite des régimens de Dragons.

Les Officiers réformés avec appointemens, qui auront ordre de ſervir à la ſuite des régimens de Dragons, ſeront payés en campagne, ſur le pied qui leur a été réglé pendant l'hiver, à la déduction de trente livres par mois pour chaque Meſtre-de-camp, Lieutenant-colonel & Capitaine, & de quinze livres pour chaque Lieutenant.

VOLONTAIRES de SCHOMBERG.

LE régiment de Cavalerie légère des Volontaires de Schomberg, porté par ordonnance du premier février 1758, à quatre cens quatre-vingts hommes, en ſix brigades de quatre-vingts hommes montés chacune, ſera payé, ſavoir;

Brigades.

Chacune des ſix brigades, ſur le pied par jour, de treize livres au Capitaine, y compris vingt ſols de ſupplément; quatre livres ſeize ſols huit deniers au Capitaine en ſecond, trois livres ſix ſols huit deniers au Lieutenant en premier, deux livres treize ſols quatre deniers au Lieutenant en ſecond, quarante-cinq ſols au Cornette, trente ſols à chacun des deux Maréchaux-des-logis, dix ſols ſix deniers à chacun des deux Fourriers, huit ſols à chacun des quatre Brigadiers, ſept ſols à chacun des quatre Sous-brigadiers, ſix ſols à chacun des ſoixante-huit Volontaires, & dix ſols à chaque Trompette.

L'intention de Sa Majesté est que les dix sols six deniers de solde par jour, qu'Elle a réglée à chacun des deux Fourriers établis dans chacune des six brigades dudit régiment, continuent de leur être payés pendant l'hiver dernier, quoiqu'il n'en soit pas fait mention dans l'ordonnance de Solde d'hiver du premier avril dernier.

État-major.

L'État-major dudit régiment, sera payé sur le pied par jour, de trente-neuf livres six sols huit deniers au Mestre-de-camp, qui n'aura point de compagnie; treize livres au Major, cinq livres dix sols à l'Aide-major, quarante-trois sols quatre deniers à l'Auditeur, pareils quarante-trois sols quatre deniers à l'Aumônier, trois livres au Chirurgien-major, trente sols au Maréchal-des-logis tenant lieu de Fourrier, quarante sols au Prevôt, & pareils quarante sols au Timbalier & à chacun des quatre Hautbois, vingt-six sols huit deniers au Maître charpentier, & vingt-trois sols quatre deniers à chacun des six Charpentiers.

Appointemens du Lieutenant-colonel du régiment de Schomberg.

Sa Majesté ayant jugé à propos de régler, par une décision particulière du 16 mars 1757, qu'à compter dudit jour il seroit retenu en faveur & pendant la vie du S.r le Fort, ci-devant Lieutenant-colonel du régiment des Volontaires de Schomberg, la somme de trois mille livres par an sur les appointemens de la lieutenance-colonelle; Elle auroit consenti en même temps à ce que le S.r de Cholet, qui lui a succédé dans cette charge, conservât la brigade qu'il avoit dans ledit régiment; à l'effet de quoi Elle ordonne que cette somme de trois mille livres sera prélevée sur les six mille deux cens quarante livres d'appointemens par an attachées à ladite charge de Lieutenant-colonel, & payée à compter dudit jour 16 mars 1757 au S.r le Fort, sur les ordres particuliers que Sa

Majesté sera expédier à cet effet, & que tant que cette retenue aura lieu, ledit S.r de Cholet ne reçoive que neuf livres par jour pour ses appointemens de Lieutenant-colonel, indépendamment de son traitement de Capitaine Chef de brigade, dont lui & ses successeurs en ladite charge de Lieutenant-colonel jouiront jusqu'à ce que ladite retenue cesse; son intention étant qu'alors lesdits appointemens soient rétablis à dix-sept livres six sols huit deniers par jour, & que ceux qui rempliront cette charge les reçoivent sur ce pied, en observant qu'ils ne devront plus avoir de brigade, conformément à l'ordonnance du 8 janvier 1751.

Pour le payement de la solde sans aucune retenue.

Au moyen du traitement réglé ci-dessus aux Capitaines Chefs de brigade, Sa Majesté entend qu'ils ne puissent rien retenir sur la solde des Brigadiers, Sous-brigadiers, Trompettes & Volontaires, soit pour le ferrage des chevaux ou quelque autre chose que ce soit, qui demeurera à la charge desdits Capitaines: Ordonne Sa Majesté qu'ils soient tenus de fournir par année, à chacun des hommes de leur brigade, une paire de souliers, deux chemises, un col, & ce qu'il a été d'usage jusqu'à présent de leur donner, indépendamment de leur solde.

IX.

Supplément de paye à quatre Carabiniers dans chacune des compagnies de Cavalerie, & aux quatre plus anciens Dragons par compagnie.

VEUT Sa Majesté que les quatre Carabiniers qui sont en chacune des compagnies des cinquante-cinq régimens de Cavalerie françoise & des régimens étrangers de Filtzjames, Royal-Allemand, Wirtemberg, Nassau-Saarbruck & Raugrave, les quatre plus anciens Carabiniers de chacune des compagnies des cinq brigades du régiment des Carabiniers de M. le Comte de Provence, & les quatre plus anciens Dragons de chaque compagnie continuent de jouir, pendant la campagne, du supplément de paye de six deniers par jour, qui leur a été réglé par l'ordonnance de solde du 25 février 1758.

X.

Masse de la Cavalerie & des Dragons.

OUTRE la solde ci-dessus de la Cavalerie françoise & étrangère & des Dragons, il sera payé douze deniers par jour pour chaque Fourrier, Brigadier, Cavalier, Carabinier, Hussard, Volontaire, Dragon, Trompette, Timbalier & Tambour, pour former une Masse toûjours complète par année, dont le fonds restera entre les mains du Trésorier général de l'extraordinaire des guerres, pour être délivré & employé à la fin de chaque année, ainsi qu'il est réglé par l'ordonnance de solde du premier avril dernier.

Pour le payement de la solde sans retenue pendant la campagne.

L'intention de Sa Majesté est que ce qui est ci-dessus réglé pour les Gardes, Gendarmes, Chevaux-légers, Mousquetaires & Grenadiers à cheval, & pour les Sergens, Soldats, Gendarmes & Chevaux-légers de la Gendarmerie, Cavaliers, Carabiniers, Hussards & Dragons des troupes tant françoises qu'étrangères, pendant qu'elles se trouveront en campagne, leur soit entièrement payé, sans que les Capitaines puissent en rien retenir, sous quelque prétexte que ce puisse être; au moyen de quoi, Sa Majesté veut & entend que la retenue qu'Elle a prescrite par l'ordonnance de solde du premier avril dernier, d'un sol par jour sur celle de chaque Cavalier, Carabinier, Hussard & Dragon, pour rester entre les mains du Major, Aide-major ou autre Officier chargé du détail de chaque Corps, pour leur être délivré tous les trois mois, après que ledit Officier-major aura examiné s'ils sont fournis de linge, culotte, bas & souliers, n'ait lieu en temps de guerre, que pendant les ſix mois d'hiver, & juſqu'au temps que les régimens qui ſeront deſtinés à ſervir en campagne y entreront.

Comme quelques-uns des régimens deſtinés à ſervir dans les Armées, pourroient demeurer dans les Places pendant une partie de la campagne, Sa Majeſté entend qu'ils y ſoient payés de leur ſolde d'hiver en conformité de l'ordonnance du premier avril dernier, que le pain ſoit fourni aux Sergens, Soldats, Cavaliers, Carabiniers, Huſſards, Dragons, Trompettes, Timbaliers & Tambours, & qu'il ſoit retenu ſur leur ſolde deux ſols pour chaque ration.

Pour le traitement des troupes dans les garniſons pendant la campagne.

X I.

Pain de munition aux Troupes.

POUR les Sergens, Cadets, Fourriers, Capitaines-d'armes, Caporaux, Anſpeſſades, Canonniers, Charpentiers, Ouvriers, Bombardiers, Sappeurs, Mineurs, Grenadiers, Fuſiliers, Fiſres, Tambourins, Tambours, Brigadiers, Cavaliers, Huſſards, Dragons, Trompettes, Timbaliers & Hautbois, la ration ſera de vingt-huit onces, cuit & raſſis; & pour les Officiers de ſes troupes, comme par le paſſé, ſur le pied de vingt-quatre onces, conformément à l'ordonnance du premier mai 1758.

Compoſition de la ration.

Sa Majeſté voulant régler les quantités de rations de pain de munition qui ſeront fournies aux troupes deſtinées à ſervir dans ſes Armées pendant la campagne, Elle ordonne que cette fourniture leur ſoit faite ſur le pied ci-après,

SAVOIR:

A chaque compagnie de Grenadiers des quatre bataillons

GARDES-FRANÇOISES.

Compagnies de Grenadiers.

du régiment des Gardes-françoises, qui serviront en campagne, composée de cent quatre Grenadiers, qui auront chacun une ration, & de six Sergens qui auront chacun deux rations, la quantité de cent seize rations de pain de munition par jour (les Officiers n'en devant point avoir), ci . . . . 116.

Compagnies de Fusiliers.

A chaque compagnie de Fusiliers desdits quatre bataillons du régiment des Gardes-françoises, qui serviront en campagne, composée de cent trente-quatre Fusiliers qui auront chacun une ration, & de six Sergens qui auront chacun deux rations, la quantité de cent quarante-six rations de pain par jour (les Officiers n'en devant point avoir), ci . . . . 146.

GARDES-SUISSES. *Compagnies.*

A chacune des huit compagnies du régiment des Gardes-suisses, qui serviront en campagne, composée de deux cens hommes, les Officiers compris, la quantité de deux cens rations par jour, ci . . . . 200.

Retenue pour le pain de munition des Gardes-françoises & Suisses.

Pour lequel pain de munition ci-dessus réglé pour les compagnies de Grenadiers & de Fusiliers du régiment des Gardes-françoises, & compagnies du régiment des Gardes-suisses, il sera retenu sur la solde desdites compagnies, deux sols par ration de pain qui leur sera fournie, conformément au nombre d'hommes qui seront employés dans les revûes des Commissaires des guerres préposés à cet effet.

INFANTERIE FRANÇOISE, CORPS des GRENADIERS de FRANCE, CORPS ROYAL de l'ARTILLERIE. INFANTERIE ITALIENNE, IRLANDOISE & ÉCOSSOISE, & les régimens ROYAL-LORRAINE & ROYAL-BARROIS.

Il sera fourni du pain de munition aux Officiers & Soldats des régimens d'Infanterie françoise, du Corps des Grenadiers de France, des six brigades du Corps royal de l'Artillerie, des six compagnies de Sappeurs & six compagnies de Mineurs; & des régimens d'Infanterie Italienne, Irlandoise & Écossoise, & les régimens Royal-Lorraine & Royal-Barrois, lorsqu'ils serviront en campagne, sur le pied par jour, savoir;

rations.

A chaque Capitaine en pied, six rations, ci . . . . 6. *Compagnies.*

A chaque Capitaine en second, ci-devant en pied, provenant de la réforme de 1748, & qui tiennent lieu de Lieutenant dans les compagnies, pareil nombre de six rations, ci . . . . 6.

A chaque Capitaine en second des régimens Royal-Lorraine & Royal-Barrois, du Corps royal de l'Artillerie, des Mineurs, des régimens Royal-Italien & Royal-Corse, & des régimens Irlandois & Écossois, la quantité de cinq rations, ci . . . . 5.

A chaque Lieutenant des compagnies d'Infanterie françoise, des régimens Royal-Italien & Royal-Corse, des régimens Irlandois & Écossois, & les premier & second Lieutenans des compagnies du Corps royal de l'Artillerie, la quantité de quatre rations, ci . . . . 4.

A chaque second Capitaine en second du régiment Royal-Italien, qui fait les fonctions de Lieutenant, pareille quantité de quatre rations, ci . . . . 4.

A chaque Lieutenant en second, Sous-lieutenant & Enseigne, trois rations, ci . . . . 3.

A chaque Lieutenant en second & Sous-lieutenant sans appointemens qui servent dans le régiment du Roi, trois rations, ci . . . . 3.

A chaque Sergent d'Infanterie & Maître-ouvrier, deux rations, ci . . . . 2.

A chaque Caporal, Anspessade, Sous-maître-ouvrier, Grenadier, Appointé, Fusilier, Sappeur, Canonnier, Bombardier, Mineur, Ouvrier, Apprentif & Tambour, une ration, ci . . . . 1.

A chacun des trois cens quarante Surnuméraires qui sont entretenus au-delà du complet, dans le régiment d'Infanterie de Sa Majesté, à raison de cinq hommes par compagnie, une ration, ci . . . . 1. *Surnuméraires du régiment du Roi.*

États-majors de l'Infanterie Françoise, &c.

Les Officiers de l'État-major de chacun des régimens d'Infanterie Françoise, Italienne & Écossoise, & de chacune des six brigades du Corps royal de l'Artillerie, & des régimens Royal-Lorraine & Royal-Barrois, en servant en campagne, recevront le pain de munition sur le pied par jour, savoir;

	rations.
A chaque Colonel sans compagnie & Chef de brigade de Royal-Artillerie, dix-huit rations, ci	18.
A chaque Colonel du Corps royal de l'Artillerie, seize rations, ci	16.
Au Colonel en second de chacun des régimens des Gardes de Lorraine & de Royal-Corse, quatorze rations, ci . .	14.
A chaque Lieutenant-colonel sans compagnie, dix rations, ci	10.
A chaque Commandant des second, troisième & quatrième bataillons d'Infanterie Françoise, huit rations, ci	8.
Au premier Capitaine commandant les six compagnies de Sappeurs, huit rations, ci	8.
Au premier Capitaine commandant les six compagnies de Mineurs, huit rations, ci	8.
A chaque Major, six rations, ci	6.
A chaque Aide-major, & à chacun des six Sous-aides-majors du Corps royal de l'Artillerie, quatre rations, ci .	4.
A chaque Garçon-major du Corps royal de l'Artillerie, trois rations, ci	3.
A chaque Maréchal-des-logis, trois rations, ci	3.
A chaque Aumônier & Chirurgien, deux rations, ci . . .	2.
Au Tambour-major de chacun des régimens Royal-Italien & Royal-Corse, une ration, ci	1.

Colonel-lieutenant du régiment du Roi.

Au Colonel-lieutenant du régiment d'Infanterie de Sa Majesté, auquel la compagnie a été conservée, douze rations

627

rations.

rations de pain par jour, outre celles qui lui sont attribuées comme Capitaine, ci . . . . 12.

Aux quatre Maîtres, pour enseigner, du régiment d'Infanterie de Sa Majesté, la quantité de seize rations, à raison de quatre rations à chacun, ci . . . . 16.

Maîtres à enseigner du régiment du Roi.

La Prevôté de chacun des régimens d'Infanterie Françoise où il y en a, de Royal-Italien, Royal-Corse & de Rooth & Berwick Irlandois, aura du pain de munition en servant en campagne, sur le pied par jour, savoir;

Prevôtés.

Au Prevôt, quatre rations, ci . . . . 4.

A son Lieutenant, trois rations, ci . . . . 3.

Au Greffier, deux rations, ci . . . . 2.

A chacun des cinq Archers & à l'Exécuteur de Justice, une ration, ci . . . . 1.

L'État-major du corps des Grenadiers de France, recevra le pain de munition, en servant en campagne, sur le pied par jour, savoir;

État-major des Grenadiers de France.

rations.

A l'Inspecteur commandant en chef, vingt-quatre rations, ci . . . . 24.

Au Commandant en second du corps, dix-huit rations, ci . . . . 18.

A chaque Colonel attaché au corps qui servira en campagne, seize rations par jour, ci . . . . 16.

A chaque Lieutenant-colonel, dix rations, ci . . . . 10.

A chacun des quatre Sergens-majors, six rations, ci . . . . 6.

A chacun des quatre Aides-majors, quatre rations, ci . . 4.

Au Tambour-major & au Fifre desdits Grenadiers de France, chacun une ration, ci . . . . 1.

Les Officiers réformés d'Infanterie Françoise, Italienne,

Officiers réformés d'Infanterie.

Irlandoiſe & Écoſſoiſe, qui ſerviront en campagne à la ſuite deſdits régimens, recevront le pain de munition ſur le pied par jour, ſavoir;

rations.

A chaque Colonel & Lieutenant-colonel, ſix rations, ci . . 6.

A chaque Capitaine, quatre rations, ci . . . . 4.

A chaque Lieutenant, deux rations, ci . . . . 2.

MILICE & RÉGIMENS des GRENADIERS-ROYAUX.

Les compagnies des régimens de Grenadiers-royaux, & celles des bataillons de Milice, qui ſerviront en campagne, auront du pain de munition ſur le pied par jour, ſavoir;

A chaque Sergent, deux rations, ci . . . . 2.

A chaque Caporal, Anſpeſſade, Grenadier, Grenadier-poſtiche, Fuſilier & Tambour, une ration, ci . . . . . 1.

Pain des Officiers de Grenadiers-royaux.

Sa Majeſté veut bien accorder aux Officiers des régimens de Grenadiers-royaux, en ſervant en campagne, la fourniture du pain de munition *gratis*, ſuivant leur grade, aux mêmes quantités de rations ci-deſſus réglées pour les Officiers de l'Infanterie françoiſe: A l'égard des Officiers des bataillons de Milice ſervant en campagne, ils auront la liberté de prendre du pain de munition, comme par le paſſé; mais il ſera retenu ſur leurs appointemens, deux ſols pour chaque ration de pain qui leur ſera fournie.

A l'égard des Sergens & Soldats des bataillons de Milices qui ſont employés dans les communications à l'armée, comme ils ſont à la ſolde de garniſon, il leur ſera auſſi retenu deux ſols pour chaque ration de pain.

TROUPES-LÉGÈRES.

Sa Majeſté veut bien auſſi continuer pendant cette campagne, à accorder la fourniture du pain de munition *gratis* aux Officiers d'Infanterie, Cavalerie, Huſſards &

Dragons des Troupes légères qui servent dans ses armées, à cause du peu de ressource des pays où elles doivent agir, mais sans tirer à conséquence pour l'avenir : laquelle fourniture leur sera faite sur le pied ordinaire d'une livre & demie par ration, & pour les quantités ci-après expliquées.

	rations.	
A chaque Capitaine en pied, six rations, ci.	6.	*Compagnies de Grenadiers.*
A chaque Lieutenant, trois rations, ci	3.	
A chaque Lieutenant en second ou Sous-lieutenant, trois rations, ci.	3.	
A chaque Capitaine en pied des compagnies d'Infanterie, six rations, ci	6.	*Compagnies d'Infanterie.*
A chaque premier Capitaine en second du Corps de Fischer, cinq rations, ci	5.	
A chaque Capitaine en second, quatre rations, ci. . . .	4.	
A chaque Lieutenant en premier, second Lieutenant, Lieutenant en second & Sous-lieutenant, trois rations, ci . . .	3.	
A chaque Capitaine titulaire, six rations, ci	6.	*Compagnies mêlées d'Infanterie, de Cavalerie ou de Dragons.*
A chaque Capitaine en second, quatre rations, ci. . . .	4.	*Pour la partie de l'Infanterie.*
A chaque Lieutenant en premier, Lieutenant en second ou Enseigne, trois rations, ci.	3.	
A chaque Capitaine en second, quatre rations, ci. . . .	4.	*Pour la partie de la Cavalerie & Dragons.*
A chaque second Capitaine en second, trois rations, ci. .	3.	
A chaque Lieutenant en premier, Lieutenant en second ou second Lieutenant & Cornette, trois rations, ci. . .	3.	
A chaque Maréchal-des-logis, deux rations, ci.	2.	
A chaque Capitaine en pied, six rations, ci.	6.	*Compagnies de Cavalerie des*

rations.

Volontaires de Clermont-Prince, des Volontaires-Liégeois & du Corps de Fischer.

A chaque premier Capitaine en second, cinq rations, ci . 5.

A chaque second Capitaine en second, quatre rations, ci. 4.

A chaque Lieutenant en premier, quatre rations, ci. . . 4.

A chaque Lieutenant en second & Cornette, trois rations, ci. 3.

A chaque Maréchal-des-logis, deux rations, ci. . . . . . 2.

Compagnies de Hussards.

A chaque Capitaine en pied, six rations, ci. . . . . . . 6.

A chaque Lieutenant en premier, quatre rations, ci. . . 4.

A chaque Lieutenant en second & Cornette, trois rations, ci . . . . 3.

A chaque Maréchal-des-logis, deux rations, ci . . . . . . 2.

Compagnies d'Ouvriers.

Au Capitaine, quatre rations, ci . . . . 4.

A chaque Lieutenant en premier, Lieutenant en second & Sous-lieutenant, trois rations, ci. . . . . 3.

État-major des régimens & Corps de Troupes-légères.

A chaque Colonel ou Commandant, sans compagnie, dix-huit rations, ci. . . . . 18.

A chaque Colonel ou Commandant, avec compagnie, douze rations, ci. 12.

A chaque Lieutenant-colonel, sans compagnie, dix rations, ci. . . . . 10.

A chaque Lieutenant-colonel, avec compagnie, quatre rations, ci. . . . . 4.

Au Lieutenant-colonel en second, sans compagnie, six rations, ci. . . . . 6.

A chaque Major, six rations, ci. . . . . 6.

A chaque Aide-Major d'Infanterie, Cavalerie ou Dragons, quatre rations, ci. . . . . 4.

A chaque Aumônier, deux rations, ci . . . . 2.

A chaque Chirurgien-major & Chirurgien Aide-major, deux rations, ci . . . . 2.

	rations.
Au Maréchal-des-logis, deux rations, ci	2.
Au Prevôt, trois rations, ci	3.
A l'Auditeur, trois rations, ci	3.
Au Greffier, deux rations, ci	2.
A chaque Archer & Exécuteur, une ration, ci.	1.

A l'égard des Sergens, Cadets, Fourriers, Capitaines d'armes, Caporaux, Anspessades, Canonniers, Charpentiers, Ouvriers, Grenadiers, Fusiliers, Tambours, Tambourins, Brigadiers, Cavaliers, Hussards, Dragons, Trompettes & Timbaliers, il leur sera fourni, lorsque les Corps serviront aussi en campagne, savoir, deux rations de pain de munition par jour à chaque Sergent, & aux Brigadiers du corps des Fusiliers de Montagne, & une ration à chacun des autres, même aux surnuméraires qui servent à pied dans le corps de Chasseurs de Fischer; mais il leur sera retenu alors deux sols pour chaque ration sur leur solde.

Comme il a été connu qu'il résulteroit des inconvéniens contraires à la nature du service de ces troupes, si on les assujétissoit à recevoir le pain par des distributions régulières, comme on le fait aux autres troupes, cette fourniture n'aura lieu des établissemens ordinaires des Vivres, que dans le cas où la position de ces troupes pourra l'exiger; Sa Majesté se réservant d'ailleurs de faire connoître par une ordonnance particulière, ses intentions sur la manière dont lesdites troupes légères devront subsister en campagne, soit dans les pays amis ou ennemis, quand elles ne se trouveront point dans la nécessité d'être fournies des établissemens ordinaires des vivres & de la même manière que les autres troupes de Sa Majesté.

rations.

SUISSES & GRISONS.
Compagnies.
Retenue pour le pain.

Chacune des compagnies des régimens Suisses & Grisons, qui serviront en campagne, composée de cent vingt hommes, y compris les Officiers, recevra cent vingt rations de pain par jour, & il sera retenu sur la solde deux sols pour chaque ration qui lui sera fournie, suivant les revûes des Commissaires des guerres, ci. . . 120.

Douze régimens d'Infanterie allemande, le régiment étranger de Boüillon & deux régimens d'Infanterie liégeoise.
Compagnies.
Retenue pour le pain.

Les compagnies des douze régimens d'Infanterie Allemande d'Alsace, d'Anhaldt, la Marck, Royal-Suédois, Royal-Bavière, Lowendal, Bergh, du Prince Louis de Nassau, la Dauphine, Saint-Germain & Royal-Pologne, du régiment étranger de Boüillon, créé par ordonnance du 18 janvier 1757, & des régimens d'Infanterie liégeoise de Vierzet & d'Horion, créés par ordonnance du 25 mars 1757, composées de quatre-vingt-cinq hommes chacune, non compris les Officiers, recevront le pain de munition, en servant en campagne, sur le pied de quatre-vingt-cinq rations par jour à chaque compagnie (les Officiers en pied ou réformés à la suite desdits régimens n'en devant point avoir), dont la retenue sera faite sur la solde, à raison de deux sols pour chacune des rations qui seront fournies auxdites compagnies, suivant les revûes des Commissaires des guerres, ci . . . . 85.

ROYAL-DEUX-PONTS.
Compagnies.
Retenue pour le pain.

Chacune des vingt-quatre compagnies du régiment Royal-deux-Ponts, d'Infanterie allemande, composée de cent treize hommes, non compris les Officiers, recevra le pain de munition, en servant en campagne, sur le pied de cent treize rations par jour (les Officiers n'en devant point avoir), dont la retenue sera faite sur la solde, à raison de deux sols pour chaque ration qui sera fournie aux compagnies, suivant les revûes des Commissaires des guerres, ci. . . . . 113.

GENDARMERIE.

GARDES-DU-CORPS du ROI.

LES Cornettes des quatre compagnies des Gardes-

633

rations.

du-Corps de Sa Majesté, auront le pain de munition, en servant en campagne, sur le pied par jour, savoir;

A chaque Lieutenant & Enseigne, six rations, ci. . . . . 6.

A chaque Exempt & Aide-major qui auront rang d'Enseigne, pareille quantité de six rations, ci. . . . . 6.

A chaque Exempt, Aide-major & Sous-aide-major, quatre rations, ci. . . . . 4.

A chacun des quatre Aumôniers, deux rations, ci . . . . 2.

A chaque Brigadier, Sous-brigadier, Garde-du-Corps, Trompette, Timbalier & Chirurgien, une ration, ci . 1.

Gendarmes & Chevaux-légers de la Garde du Roi.

La Cornette de la compagnie des Gendarmes & celle de la compagnie des Chevaux-légers de la garde de Sa Majesté, auront du pain de munition, en servant en campagne, sur le pied par jour, savoir;

rations.

A chaque Capitaine-lieutenant, douze rations, ci. . . . . 12.

A chaque Sous-lieutenant, six rations, ci. . . . . 6.

A chaque Enseigne, Guidon & Cornette, trois rations, ci. . . . . 3.

A chaque Aide-major, Maréchal-des-logis & Aumônier, deux rations, ci . . . . 2.

A chaque Brigadier, Sous-brigadier, Porte-étendard, Sous-aide-major, Gendarme, Chevau-leger, Trompette, Timbalier, Chirurgien, Apothicaire, Fourrier, Sellier & Maréchal-ferrant, une ration, ci . . . . 1.

Mousquetaires de la Garde du Roi.

Les détachemens des deux compagnies de Mousquetaires de la garde de Sa Majesté, auront le pain de munition, en servant en campagne, sur le pied par jour, savoir;

A chaque Sous-lieutenant, Enseigne & Cornette, six rations, ci . . . . 6.

rations.

A chaque Maréchal-des-logis, dont deux font les fonctions d'Aide-major, deux rations, ci . . . . 2.

A chaque Aumônier, deux rations, ci . . . . 2.

A chaque Brigadier, Sous-brigadier, dont deux font les fonctions de Sous-aide-major, Porte-étendard, Mousquetaire, Tambour, Chirurgien, Apothicaire, Fourrier, Sellier & Maréchal-ferrant, une ration, ci . . . . 1.

GRENADIERS à CHEVAL.

La compagnie des Grenadiers à cheval de Sa Majesté, recevra le pain de munition, en servant en campagne, sur le pied par jour, savoir;

Au Capitaine-lieutenant, six rations, ci . . . . 6.

A chaque Lieutenant, quatre rations, ci . . . . 4.

A chaque Sous-lieutenant, trois rations, ci . . . . 3.

A chaque Maréchal-des-logis & à l'Aumônier, deux rations, ci . . . . 2.

A chaque Sergent, Brigadier, Sous-brigadier, Appointé, Porte-étendard, Grenadier à cheval & Tambour, une ration, ci . . . . 1.

GENDARMERIE. Compagnies de Gendarmes & de Chevaux-légers.

Les dix compagnies de Gendarmes, & les six compagnies de Chevaux-légers de la Gendarmerie, recevront le pain de munition, en servant en campagne, sur le pied par jour, savoir;

A chaque Capitaine-lieutenant, dix rations, ci . . . . . . 10.

A chaque Sous-lieutenant, quatre rations, ci . . . . . . 4.

A chaque Enseigne, Guidon & Cornette, trois rations, ci . . . . 3.

A chaque Maréchal-des-logis, deux rations, ci . . . . . 2.

A chaque Brigadier, Sous-brigadier, Porte-étendard, Gendarme,

Gendarme, Chevau-léger, Trompette, & à chacun des huit Timbaliers de ladite Gendarmerie, une ration, ci . 1.

Au Major, douze rations, ci . . . . 12.

État-major de la Gendarmerie.

A l'Aide-major, huit rations, ci . . . . 8.

A chacun des deux Sous-aides-majors, six rations, ci . . 6.

A chacun des deux Aumôniers de ladite Gendarmerie, deux rations, ci . . . . 2.

CAVALERIE FRANÇOISE ET ÉTRANGÉRE,

CARABINIERS, HUSSARDS & DRAGONS.

CAVALERIE, HUSSARDS & DRAGONS.

Les compagnies des régimens de Cavalerie françoise, des Carabiniers de M. le Comte de Provence, de la Cavalerie étrangère, de Hussards & de Dragons, qui serviront en campagne, recevront le pain de munition sur le pied par jour, savoir;

Compagnies.

A chaque Capitaine en pied & à chaque Capitaine réformé en 1748 & 1749, qui a eu troupe, six rations, ci . . . 6.

Au Capitaine en second du régiment de Royal-Nassau de Cavalerie-légère allemande, quatre rations, ci . . . . . 4.

A chaque Lieutenant & au Sous-lieutenant en charge qui est en chacune des compagnies Colonelle des régimens du Colonel-général de la Cavalerie & du Colonel-général des Dragons, quatre rations, ci . . . . 4.

A chaque Lieutenant en second des régimens d'Hussards & du régiment de Royal-Nassau de Cavalerie allemande, trois rations, ci . . . . 3.

A chaque Cornette, trois rations, ci . . . . 3.

A chaque Maréchal-des-logis, deux rations, ci . . . . . 2.

A chaque Fourrier, Brigadier, Cavalier, Carabinier,

rations.

Volontaire, Huſſard, Dragon, Trompette, Timbalier, & Tambour, une ration, ci . . . . 1.

États-majors de la Cavalerie, des Huſſards & des Dragons.

Les Officiers des États-majors desdits régimens de Cavalerie & de Dragons, qui ſerviront en campagne, recevront le pain de munition ſur le pied par jour, ſavoir;

A chaque Meſtre-de-camp de Cavalerie & de Dragons, & Meſtre-de-camp-lieutenant de chaque brigade du régiment des Carabiniers, auxquels Sa Majeſté a conſervé les compagnies, douze rations, indépendamment de celles qu'ils reçoivent comme Capitaine, ci . . . . . 12.

A chaque Lieutenant-colonel, auquel Sa Majeſté a pareillement conſervé ſa compagnie, y compris le ſecond Lieutenant-colonel qui eſt dans le régiment Royal-Allemand, quatre rations, outre celles qui lui ſont attribuées comme Capitaine, ci . . . . 4.

A chaque Meſtre-de-camp de Cavalerie & de Dragons, ſans compagnie, dix-huit rations, ci . . . . 18.

A chaque Meſtre-de-camp en ſecond des régimens de Wirtemberg & d'Orléans Dragons, quatorze rations, ci . . . . 14.

Au Meſtre-de-camp-lieutenant du régiment des Carabiniers, vingt-quatre rations, indépendamment des ſix rations qu'il recevra comme Capitaine, ci . . . . 24.

Au Major du même régiment, ayant rang de Meſtre-de-camp, douze rations, ci . . . . 12.

A l'Aide-major du même régiment, huit rations, ci . . . 8.

A chaque Lieutenant-colonel, auſſi ſans compagnie, dix rations, ci . . . . 10.

Au Lieutenant-colonel en ſecond qui eſt entretenu en chacun des régimens de Huſſards, huit rations, ci . . . 8.

Au Major du régiment de Wirtemberg, huit rations, ci . . 8.

rations.

A chaque Major, dont deux dans Royal-Allemand, six rations, ci . . . . 6.

A chaque Aide-major des Carabiniers, six rations, ci . . 6.

A chaque Aide-major de Cavalerie, Hussards & Dragons, & Sous-aide-major de Carabiniers, quatre rations, ci . . 4.

A chaque second Aide-major des régimens de Hussards & de Dragons, quatre rations, ci . . . . 4.

A chaque Aumônier & Chirurgien dans la Cavalerie, les Hussards & Cavalerie légère, & à l'Aumônier seulement dans les Dragons, deux rations, ci . . . . 2.

Dans le régiment de Royal-Allemand, deux rations au Maréchal-des-logis de l'État-major, ci . . . . 2. *ROYAL-ALLEMAND. Prevôté.*

Au Prevôt dudit régiment, quatre rations, ci . . . . . . 4.

A son Lieutenant, trois rations, ci . . . . 3.

Au Greffier, deux rations, ci . . . . 2.

A chacun des quatre Archers & à l'Exécuteur de Justice, une ration, ci . . . . 1.

Pour les femmes & enfans dudit régiment Royal-Allemand, la quantité de soixante rations de pain par jour, ci . . . 60.

Dans le régiment de Wirtemberg, quatre rations par jour à l'Auditeur, ci . . . . 4. *WIRTEMBERG. Prevôté.*

Au Greffier, deux rations, ci . . . . 2.

A chacun des trois Archers & à l'Exécuteur de Justice, une ration, ci . . . . 1.

Au Prevôt du régiment Royal-Nassau, trois rations, ci . . . . 3. *ROYAL-NASSAU de CAVALERIE LÉGÈRE ALLEMANDE. Prevôté.*

Les Officiers du régiment des Volontaires de Schomberg, auront la fourniture de pain de munition *gratis*, *VOLONTAIRES de SCHOMBERG.*

lorſque ce régiment ſervira en campagne; elle leur ſera faite ſur le pied par jour, ſavoir;

		rations.
Brigades.	A chaque Capitaine chef de brigade, ſix rations, ci . . .	6.
	A chaque Capitaine en ſecond, quatre rations, ci	4.
	A chaque Lieutenant en premier, Lieutenant en ſecond & Cornette, trois rations, ci	3.
	A chaque Maréchal-des-logis, deux rations, ci	2.
État-major.	Au Meſtre-de-camp qui ne doit point avoir de brigade, dix-huit rations, ci	18.
	Au Lieutenant-colonel qui a une brigade, quatre rations, ci.	4.
	Au Major, ſix rations, ci	6.
	A l'Aide-major, quatre rations, ci	4.
	Et à chacun des dix-ſept petits Officiers, une ration, ci .	1.

A l'égard des Brigadiers, Sous-brigadiers, Fourriers, Volontaires & Trompettes, il leur ſera fourni à chacun une ration de pain de munition par jour, lorſque le régiment ſera en campagne; mais il leur ſera retenu deux ſols pour chaque ration ſur leur ſolde.

Officiers réformés de Cavalerie. Les Officiers réformés, avec appointemens, à la ſuite des régimens de Cavalerie Françoiſe & Étrangère, de Huſſards & de Dragons, auront du pain de munition, en ſervant en campagne, ſur le pied par jour, ſavoir;

A chaque Meſtre-de-camp & à chaque Lieutenant-colonel, ſix rations, ci	6.
A chaque Capitaine, quatre rations, ci	4.
A chaque Lieutenant, deux rations, ci	2.

L'intention de Sa Majeſté eſt que la fourniture du pain de munition ſoit faite à ſes troupes d'Infanterie, à celles de sa Maison, à la Gendarmerie, à la Cavalerie françoise & étrangère, Carabiniers, Hussards & Dragons, pendant qu'elles serviront en campagne, conformément au règlement ci-dessus, & sur les états particuliers que Sa Majesté en fera expédier; en observant que ladite fourniture de pain ne doit être faite que pour le nombre d'hommes présens & effectifs aux revûes des Commissaires des guerres préposés à cet effet.

La viande sera fournie sur le pied d'une demi-livre par jour, même les 31 des mois de mai, juillet, août & octobre, à l'exception des vendredis, aux Sergens, Soldats & Tambours de l'Infanterie françoise, sans aucune retenue sur la solde de campagne.

VIANDE.

Elle sera aussi fournie aux Sergens & Soldats de l'Infanterie Allemande, Italienne, Irlandoise & Écossoise; mais il sera retenu pour chaque livre de viande, deux sols onze deniers sur la solde de ladite Infanterie étrangère.

Dans le cas où les régimens Suisses & Grisons serviront en campagne, ils recevront la fourniture de la viande, sur le même pied d'une demi-livre pour chaque homme, & la retenue leur en sera faite à raison de deux sols onze deniers la livre; entendant Sa Majesté que cette fourniture n'ait lieu, pour chaque compagnie, que sur le pied de cent quinze hommes, les Officiers n'en devant point avoir.

La viande sera pareillement fournie aux Brigadiers, Cavaliers, Carabiniers, Hussards, Dragons, Timbaliers, Trompettes & Tambours, & il sera retenu pour chaque livre de viande, trois sols cinq deniers sur leur solde.

Sa Majesté veut bien aussi permettre aux régimens & corps des Troupes légères, y compris les Volontaires de

Schomberg, de prendre de la viande dans le cas où ils ſerviront en campagne, & qu'ils ſeront à portée de l'armée; & ſon intention eſt qu'il ſoit retenu deux ſols pour chaque livre de viande à l'Infanterie, & trois ſols cinq deniers à la Cavalerie, Huſſards, Dragons & Volontaires, auſſi pour chaque livre de viande.

XII.

Payement de l'uſtenſile pendant la campagne.

SA MAJESTÉ ayant réglé par l'ordonnance de ſolde d'hiver, l'uſtenſile qu'Elle accorde à ſes troupes en temps de guerre, & la portion dudit uſtenſile qui doit être diſtribuée par mois pendant la campagne, aux Officiers deſdites troupes; ſon intention eſt qu'il leur ſoit payé pendant chacun des mois de mai, juin, juillet, août, ſeptembre & octobre de la campagne, ſavoir; à ceux qui auront eu l'uſtenſile entier, les ſommes portées ci-après, & ſeulement moitié deſdites ſommes à ceux qui n'auront eu que le demi-uſtenſile, ceux qui n'auront point participé à l'uſtenſile du quartier d'hiver dernier ne devant point avoir part à cette diſtribution.

INFANTERIE FRANÇOISE.

A chaque Colonel, Lieutenant-colonel, Commandant de bataillon, Major, Capitaine de Grenadiers & Capitaine de Fuſiliers, vingt-cinq livres, ci . . .	25.l	0.s
A chaque Lieutenant, tant de Grenadiers que Fuſiliers, & Aide-major, quinze livres, ci	15.	
A chaque Sous-lieutenant & Enſeigne, dix livres, ci. .	10.	

CORPS DES GRENADIERS DE FRANCE.

A l'Inſpecteur-commandant, & au Commandant en ſecond, vingt-cinq livres, ci	25.	0.

A chaque Colonel, Lieutenant-colonel & Major attachés au corps, vingt-cinq livres, ci 25.l 0.f

A chaque Capitaine, vingt-cinq livres, ci . . . . . . 25.

A chaque Lieutenant & Aide-major, quinze livres, ci 15.

A chaque Lieutenant en second, dix livres, ci. . . . . 10.

CORPS ROYAL DE L'ARTILLERIE.

A chaque Chef de brigade, Colonel, Lieutenant-colonel & Major, vingt-cinq livres, ci 25.l 0.f

A chaque Capitaine en pied, cinquante livres, ci. . 50.

A chaque Capitaine en second, vingt-cinq livres, ci 25. 0.

A chaque premier Lieutenant, Lieutenant en second & Aide-major, quinze livres, ci . . . . 15.

A chaque Sous-aide-major & Garçon major, cinq livres, ci . . . . 5.

INFANTERIE IRLANDOISE ET ÉCOSSOISE.

A chaque Colonel, Lieutenant-colonel, Major, Capitaine & Capitaine en second, tant de Grenadiers que de Fusiliers, vingt-cinq livres, ci 25.l 0.f

A chaque Lieutenant, tant de Grenadiers que de Fusiliers, & Aide-major, quinze livres, ci . . . . 15.

A chaque Lieutenant en second, tant de Grenadiers que de Fusiliers, dix livres, ci . . . . 10.

A chaque Enseigne, dix livres, ci . . . . 10.

ROYAL-ITALIEN ET ROYAL-CORSE.

A chaque Colonel, Lieutenant-colonel, Major, Capitaine de Grenadiers, Capitaine & Capitaine en second de Fusiliers, vingt-cinq livres, ci . . . 25.l 0.f

A chaque Lieutenant de Grenadiers & de Fusiliers, quinze livres, ci . . . . 15.

A chaque Lieutenant en second de Grenadiers & de Fusiliers, dix livres, ci . . . . 10.

A chaque Aide-major, quinze livres, ci 15.l 0.f

Au Colonel en ſecond de Royal-Corſe, vingt-cinq livres, ci . . . . 25.

OFFICIERS RÉFORMÉS D'INFANTERIE.

A chaque Colonel & Lieutenant-colonel, vingt-cinq livres, ci 25.l 0.f

A chaque Capitaine, quinze livres, ci . . . . 15.

A chaque Lieutenant, cinq livres, ci . . . . 5.

GENDARMERIE.

COMPAGNIES DE CHEVAUX-LÉGERS.

A chaque Capitaine-lieutenant, pour deux places d'uſtenſile, trente livres, ci 30.l 0.f

A chaque Sous-lieutenant & Cornette, pour une place, quinze livres, ci . . . . 15.

A chaque Maréchal-des-logis, tant des compagnies de Gendarmes que de Chevaux-légers, pour une demi-place, ſept livres dix ſols, ci . . . . 7. 10.

CARABINIERS.

Au Meſtre-de-camp-lieutenant, pour deux places, trente livres, ci 30.l 0.f

Au Major, pour deux places, trente livres, ci . . . 30. 0.

A chaque Meſtre-de-camp commandant une brigade comme Capitaine ſeulement, pour deux places, trente livres, ci . . . . 30.

A chaque Lieutenant-colonel comme Capitaine ſeulement, pour deux places, trente livres, ci. . . . 30. 0.

A chaque Capitaine, pour deux places, trente livres, ci . 30.

A chaque Lieutenant, Cornette, Aide-major & Sous-aide-major, pour une place, quinze livres, ci . . 15.

A chaque Maréchal-des-logis, pour une demi-place, ſept livres dix ſols . . . . 7. 10.

CAVALERIE.

Cavalerie.

A chaque Mestre-de-camp & Lieutenant-colonel sans compagnie, pour deux places, trente livres, ci. .	30.l	0.s
A chaque Capitaine & Major, pour deux places, trente livres, ci.	30.	
A chaque Lieutenant, Cornette & Aide-major, pour une place, quinze livres, ci	15.	
A chaque Maréchal-des-logis, pour une demi-place, sept livres dix sols, ci.	7.	10.

Régiment Royal-Allemand.

Au Mestre-de-camp, comme Capitaine seulement, trente livres, ci	30.l	0.s
A chacun des deux Lieutenans-colonels, comme Capitaines seulement, & des deux Majors, trente livres, ci	30.	
A chaque Capitaine, trente livres, ci.	30.	
A chaque Lieutenant & Cornette, quinze livres, ci.	15.	
A chaque Maréchal-des-logis, sept livres dix sols, ci.	7.	10.
A chacun des deux Aides-majors, quinze livres, ci.	15.	
Au Maréchal-des-logis de l'État-major & au Prevôt, chacun quinze livres, ci.	15.	0.
Au Lieutenant de Prevôt, au Greffier & à chacun des quatre Archers & à l'Exécuteur de justice, sept livres dix sols, ci	7.	10.

Régimens de Wirtemberg & de Nassau-Saarbruck.

A chaque Mestre-de-camp & Lieutenant-colonel, comme Capitaine seulement, trente livres, ci. .	30.l	0.s
A chaque Capitaine & Major, trente livres, ci. . .	30.	
A chaque Lieutenant, Cornette & Aide-major, quinze livres, ci.	15.	0.
A chaque Maréchal-des-logis, sept livres dix sols, ci.	7.	10.

Au Mestre-de-camp en second du régiment de Wirtemberg, trente livres, ci. 30.l 0.s

RÉGIMENT DE CAVALERIE LIÉGEOISE DE RAUGRAVE.

A chacun des Mestre-de-camp, Lieutenant-colonel & Major, trente livres, ci. . . . . 30. 0.

A chaque Capitaine, trente livres, ci. . . . . 30.

A chaque Lieutenant & Cornette, & à l'Aide-major, quinze livres, ci . . . . 15.

A chaque Maréchal-des-logis, sept livres dix sols, ci. 7. 10.

RÉGIMENT DE CAVALERIE LÉGÈRE DE CORSE.

A chacun des Mestre-de-camp, Lieutenant-colonel & Major, trente livres, ci. 30.l 0.s

A chaque Capitaine, trente livres, ci. . . . . 30.

A chaque Lieutenant & à l'Aide-major, quinze livres, ci . . . . 15.

A chaque Maréchal-des-logis, sept livres dix sols, ci. 7. 10.

HUSSARDS.

A chaque Mestre-de-camp, Lieutenant-colonel en pied, Lieutenant-colonel incorporé & Major, trente livres, ci. 30.l 0.s

A chaque Capitaine, trente livres, ci. . . . . 30.

A chaque premier Lieutenant, second Lieutenant, Cornette & Aide-major, quinze livres, ci. . . . . 15.

A chaque Maréchal-des-logis, sept livres dix sols, ci. 7. 10.

DRAGONS.

A chaque Mestre-de-camp, Lieutenant-colonel & Major, trente livres, ci 30.l 0.s

A chaque Capitaine, trente livres, ci. . . . . 30.

A chaque Lieutenant, Cornette & Aide-major, quinze livres, ci . . . . 15. 0.

A chaque Maréchal-des-logis, fept livres dix fols, ci. 7.l 10.f

Au Meftre-de-camp, Lieutenant en fecond du régiment de Dragons d'Orléans, trente livres, ci . . 30.

RÉGIMENT ROYAL-NASSAU.

A chacun des Meftre-de-camp, Lieutenant-colonel & Major, trente livres, ci 30.l 0.f

A chaque Capitaine & au Capitaine en fecond, trente livres, ci . . . . 30.

A chaque Lieutenant en premier, Lieutenant en fecond & Cornette, quinze livres, ci . . . . . . 15.

A chaque Maréchal-des-logis, fept livres dix fols, ci. 7. 10.

A chacun des Aide-major & au Prevôt, quinze livres, ci . . . . 15.

OFFICIERS RÉFORMÉS DE CAVALERIE, HUSSARDS ET DRAGONS.

A chaque Meftre-de-camp, Lieutenant-colonel & Capitaine, trente livres, ci 30.l 0.f

A chaque Lieutenant, quinze livres, ci . . . . 15.

Les Officiers des Troupes légères, y compris le régiment des Volontaires de Schomberg, continueront de recevoir l'uftenfile qui leur fera réglé pendant les cinq mois d'hiver, comme par le paffé.

Écu de campagne.

Et pour les deux fols de retenue par jour pendant les cent cinquante jours du quartier d'hiver, fur la place d'uftenfile de chaque Gendam e & Chevau-léger de la Gendarmerie, & de chaque Carabinier, Cavalier, Huffard & Dragon, faifant la fomme de quinze livres, Sa Majefté ordonne qu'elle foit diftribuée manuellement par le Major ou Aide-major de la Gendarmerie & de chaque régiment, aux Gendarmes, Chevaux-légers, Carabiniers, Cavaliers, Huffards & Dragons, fur le pied d'un écu de ſoixante ſols, par chacun des mois de juin, juillet, août, ſeptembre & octobre, même à ceux des régimens qui ayant reçû le quartier d'hiver, reſteroient dans les garniſons pendant la campagne; ſans que leſdits Officiers-majors puiſſent s'en diſpenſer pour quelque raiſon que ce ſoit, à peine d'être privés de leurs charges: au moyen de quoi, leſdits Carabiniers, Cavaliers, Huſſards & Dragons ſeront obligés de s'entretenir de linge, culotte, de bas & de ſouliers, & d'entretenir leurs chevaux de ferrage, de tenir leurs armes nettes, & d'y faire les menues réparations, en ſorte qu'elles ſoient en bon état: Entend Sa Majeſté que ſi ces armes venoient à être en un état à ne pouvoir plus ſervir, ſans que ce ſoit par la faute du Cavalier ou du Dragon, qu'il ſoit néceſſaire de les changer, le Capitaine en faſſe la dépenſe; & qu'au ſurplus chaque Capitaine entretienne chaque Carabinier, Cavalier, Huſſard & Dragon, de cheval, houſſe, ſelle, harnois, bride, habillement, manteau, chapeau, bottes & armes.

MANDE & ordonne Sa Majeſté aux Généraux commandant ſes armées, aux Officiers généraux ayant commandement ſur ſes troupes, aux Gouverneurs & Lieutenans généraux dans ſes provinces, aux Gouverneurs & Commandans de ſes villes & places, aux Inſpecteurs généraux de ſes troupes, aux Intendans de ſes armées, dans ſes provinces & ſur ſes frontières, aux Commiſſaires des guerres, & à tous autres ſes Officiers qu'il appartiendra, de tenir la main à l'exécution de la préſente. FAIT à Verſailles le premier juillet mil ſept cent cinquante-neuf. *Signé* LOUIS. *Et plus bas,* LE M.AL DUC DE BELLE-ISLE.

www.ingramcontent.com/pod-product-compliance
Ingram Content Group UK Ltd.
Pitfield, Milton Keynes, MK11 3LW, UK
UKHW021556260726
13993UKWH00002B/872

9 782329 254739